学びのエクササイズ

日本語文法

天野みどり 著

文法を考えるということ

　多くの人は、「文法論」と聞くと、四角四面の面白みのない学問だと思うのではないでしょうか。文法嫌いだという人は世の中にたくさんいるように思われます。

　しかし、本来、文法論はとても楽しい学問です。誰もが自分の直感を使って考えることができ、考えれば考えるほど言語の魅力を発見し、言語そのもの、あるいは言語を使用する私たちとはどういうものなのかといった認識を深めることさえできる、大変刺激的な学問です。「文法論」に対してマイナスのイメージが抱かれてしまうのは、多くの場合、不幸にして「文法論」の中味が取り違えられた結果だと思われます。

　「文法論」の中味を取り違えている例として、例えば次のような2つが挙げられます。

①「文法論」とは、正しい日本語の規律を示すものである。
②だから、「文法論」とは、正しい日本語を学習したい者に暗記すべき事項を示すものである。

　上の①も②も誤りです。文法論は「こうあるべき」「正しい」日本語の規律を示すことを目的としてはいません。従って、文法論の成果は、やみくもに暗記することを強いるためのものなどでは決してありません。

　本来の文法論は、「何が正しい日本語か」に興味はありません。「なぜ自然な(あるいは不自然な)日本語だと母語話者はわかるのか」、そして「なぜその言語形式はその意味の伝達が可能なのか」に興味があります。

日本語文法論は、現に今、様々な世代により、様々な地域で、様々な状況で話されている身近な日本語を材料にして、そこに自然と備わっている規則性を見いだし、なぜ、母語話者がこんなにも自由に、創造的に、日常会話を運用できるのかを考える学問なのです。

　極端に言ってしまえば、かなり不自然で誤用だとされるような日本語であっても、あるいは従来の言い方から逸脱した、若者の創造する新しい言い方にも、それがある意味を伝達し得ているのなら、そこに文法規則を見いだすことはできるのです。文法規則とは、もう一度繰り返しますが、日本語の使用の中に見いだすことのできる、意味の生成・理解のための規則性、しくみのことです。

　そんなしくみはわかりきっている、と言う人がいるかもしれません。わかっているから日本語を使っているのだと。

　しかし、本当にそうでしょうか。わかっていると思っていることにも、実は「なぜ」がたくさんあります。テレビを見るやり方は簡単、スイッチを入れてチャンネルを合わせるだけです。しかし、どうしてそのようにすると画像が映し出されるのかそのしくみを理解している人は多くはないはずです。日本語も同じことです。話したり理解したりすることはできても、なぜ私たちはその日本語を用いて複雑な意味を伝達し合うことができるのか、その内的なしくみはよくわかっていないのです。

　このように、実際に使っている日本語を改めて観察の対象とし、その内的なしくみを明らかにすることは、日本語の技能、話し聞く能力を高めることに直接的に貢献するものではありません。しかし、若者集団の用いる日本語にも、東京から遠く離れた地域で話されている日本語にも文法規則が存在することを見いだしたり、無意識下で英語と比べて「日本語は文法の無い劣った言語だ」とたいして根拠もなく思い込んでいたことに気づいたり、日本語以外の例えばフィリピンのタガログ語にもアメリカ大陸の先住民たちの諸言

語にも、あるいは日本手話にもそれぞれに文法規則があることを理解し、人がコミュニケーションのために編み出した言語システムは、それぞれに素晴らしいものだと思えるようになるなら、それは大変楽しく、意義深いことではないでしょうか。

　ところで、このテキストでは、第8章で広告のことばを、第14章で物語文を取りあげる以外は、すべて日常会話に見いだされる文、つまり音声言語をイメージして例示しています。
　文法に関わるもう1つの根強い誤解に、音声による言語と文字による言語を比べて、後者の方が「正しい」文法に則ったものだとするものがあります。文法とは第一義的には書かれた文章にこそ見いだされるものだとする考えです。筆者はそうは考えません。意味を表すのに「音声」を用いるか「文字」を用いるかという媒体の違いがあるのだから、そこに見いだされる規則性も別物であり、その間に優劣があるといったものではないと考えます。第一、文字は音声言語を記録するために作られたものであり、音声言語しか持たない言語も世界にはたくさんあるのです。
　このテキストでは、誤りだらけであると退けられることの多い日常卑近な会話に現れる文を例にして、その中に潜むダイナミックな規則の姿を考えていきたいと思います（ただし、聴覚情報は考慮されていません。近年、聴覚情報も含んだ文法規則の研究も進められています）。また、東京を中心とした地域の言語使用を例に考察していきます。地域が異なれば規則性も異なってくることには注意が必要です。

　このテキストは、これから日本語文法論を研究していきたいと思っている人はもちろん、言語学・日本語学以外の専門の学生の方や、不幸にして文法論の中味を取り違えて文法嫌いになってしまった人たちにも、本来の文法論の楽しさを味わってもらうということを第1の目的にして執筆しました。そのため、1つの章に1つのトピックを取りあげるだけにしました。14の

トピックでは到底日本語文法論の拡がりをカバーすることはできません。ぜひ、ここでのトピックをきっかけとして、縦横無尽に考察対象を拡げていってほしいと思います。

　また、楽しい思考を中断させるような学術用語の導入は最小限にとどめ、できるだけ一般的なことばで述べるようにしました。わかりやすさを第1に、このテキストだけの便宜的な用語を用いている箇所も若干あります。また、本当は多様な学説がある場合や、本当は詳細な検討が必要な事柄も、思い切って単純化して述べました。それもこれも、このテキストの使命が日本語文法論の、ごく初歩的導入であることによります。しかし、単純化はしても適当にごまかしているわけでは決してありません。むしろ密かに筆者の新しい考えを述べるなど、筆者なりの思考が背後にはあります。

　何よりも筆者が願っているのは、読者自身に考えてもらうことです。文法論の醍醐味は、自分の言語直感を働かせて、自分の頭で考えることにあります。ぜひ、それぞれの章で挙げられている問題について考えてみてください。そして、単純化されたこのテキストの説明に問題点を見つけ、さらに奥深くへと日本語文法論のフィールドに足を踏み入れてみてください。そして、もしも言語学であれ何であれ、何かについて深く考えようとしている人たちに対してこのテキストが何らかのヒントを、ほんのひとかけらでも与えることができたなら、筆者にとってこんなに嬉しいことはありません。

　最後になりますが、このテキストの執筆に際し、ひつじ書房の松本功氏には大変お世話になりました。氏の多くの的確なアドバイスがなければ、このテキストの実現はありませんでした。心より感謝申し上げます。

目次

文法を考えるということ ... iii

第 1 章　文学科の星野です ... 1
 1.1　コンテクストに応じて ... 1
 1.2　「は」と「が」は同じか ... 3

第 2 章　私はアップルジュースです ... 9
 2.1　「私はアップルジュースです」は誤用か ... 9
 2.2　「AはBだ」文の文脈・状況依存度 ... 12
 2.3　「AはBだ」以外の形式にうなぎ文はあるか ... 14

第 3 章　ティラノサウルスは前足が短い ... 17
 3.1　「…が…が…」文は誤用か ... 17
 3.2　「はが」文は広く「がが」文は狭い ... 21

第 4 章　お庭がきれいでいらっしゃいますね ... 27
 4.1　尊敬語の文とはどのようなものか ... 27
 4.2　背後の所有者を高める文 ... 29
 4.3　許容度の高い所有者敬語文とは ... 31

第 5 章　これから発表させていただきます ... 37
 5.1　謙譲語の文とはどのようなものか ... 37
 5.2　「〜させていただく」の成り立ち ... 39
 5.3　「〜(さ)せていただく」文の許容度 ... 41
 5.4　「〜(さ)せていただく」は変化している？ ... 44

第6章　明け方飛び起きた音　47

- 6.1　内の関係と外の関係　47
- 6.2　結びつきのしくみ①——役割パズル型　50
- 6.3　結びつきのしくみ②——のりしろ型　51
- 6.4　結びつきのしくみ③——かみ砕き型　53
- 6.5　その他にも——①②③の組み合わせ　54

第7章　それにしてもなんだね　57

- 7.1　先取り発話　57
- 7.2　ことがらの成否・蓋然性の判断を予測させる表現　58
- 7.3　ことがらについての評価を予測させる表現　59
- 7.4　相手の発話内容に対する発話者の考えを予測させる表現　60
- 7.5　話題転換時に用いられる「ていうか」　64

第8章　日本を休もう　67

- 8.1　規範からの意図的な逸脱　67
- 8.2　「AがBをC」型文　70
- 8.3　1つの単語が2つの意味類に　71

第9章　新作映画を先に借りられちゃった！　77

- 9.1　受動文①——役割パズル型　78
- 9.2　受動文②——のりしろ型　79
- 9.3　受動文②に共通する意味　80
- 9.4　なぜ迷惑の意味が付随するのか　83

第10章　ジョーカーが来た？　87

- 10.1　「行く」と「来る」　87
- 10.2　「くれる」「やる（あげる）」　92

第 11 章　銅メダルとかとっちゃって！　　97

11.1　「とか」の基本的な用法——①一部例示　　97
11.2　「とか」の基本的な用法——②断定回避　　100
11.3　「とか」の評価的卓立提示の用法　　101
11.4　他の例示用法に見られる評価的卓立提示の用法　　104

第 12 章　あ、バスが来た！　　107

12.1　事柄の時の意味　　107
12.2　「―る」と「―た」　　109
12.3　現在の出来事なのに「タ形」——①開始の「タ」　　110
12.4　現在の出来事なのに「タ形」——②認識改めの「タ」　　113

第 13 章　「とても子どもらしい」と「どうも子どもらしい」　　117

13.1　2つの「らしい」　　117
13.2　述語部分の要素の順番　　121
13.3　述語部分の意味的な階層構造　　123

第 14 章　彼は悲しい！　　127

14.1　感情の表現　　127
14.2　表現の時・出来事の時　　130
14.3　物語文における「タ形」と「ル形」　　131

文献案内　　137
引用文献　　141
索引　　143

第1章　文学科の星野です

1.1　コンテクストに応じて

　はじめて会った人に挨拶したいとき、そして自分の名前を告げたいとき、皆さんならどのように表現するでしょうか。
　「はじめて会った人」といっても、それがどのような状況で会った、どのような人なのか、その人に対して自分はどのように接したいのかなど様々です。また、その時周りにはどのような人がいるか、どのような雰囲気の場所かなど、その時・その場所に関する条件も様々です。こうした、発話相手や発話時・発話場所に関する様々な違いに応じて、挨拶の仕方も違ったものになるはずです。私たち母語話者は、その状況に応じて、自分の伝えたいことを伝えるのに最もふさわしい表現形式を瞬時に選択して用いているのです。
　以下、問題を自分の力で解きながら、日本語について考察していきましょう。

【問題1】次の挨拶の例文（1）〜（3）のうち、次の状況に最も合うのはどれでしょうか。

> 状況：星野は学生。知人Xからアルバイトを紹介された。その仕事について社員から説明があるので、会社の事務室に行くよう指示された。社員は星野が来ることになっているのは知っているが、顔は知らない。星野がそこへ行くと、1人の若者が立っていた。

（1）　はじめまして。文学科の星野です。
（2）　はじめまして。僕の名前は星野っていうのですよ。
（3）　はじめまして。星野です。

「文学科の」という限定は、多分、この状況にミスマッチでしょう。「Xさんから紹介いただいた星野」のような限定なら、自分が説明係の社員の持つ知識の中の「星野」と同一人物であることを示すのに有効ですが、もともと星野が「文学科」であるかどうかは社員の知識の中には無いでしょうから、こうした限定を加えることには何の意味も無いと考えられます。だから、多分ミスマッチなのです。

（2）はかなり違和感があります。「はじめまして」の後にいきなり「僕の名前は」と切り出すことにも抵抗がありますが、それを措いても、文末の「〜ですよ」は、まずこの状況ではあり得ない表現でしょう。次の2文を比べてみてください。

（2）　はじめまして。僕の名前は星野っていうのです<u>よ</u>。
（4）　はじめまして。僕の名前は星野っていうのです<u>が</u>。

（4）ならば、この後に「アルバイトの説明はこちらですか」とか「Xさん

からこちらに来るよう言われてきました」などが続きそうで、何とかこの状況にも使えそうです。しかし、(2)はこの状況で使われる場合を想定するのが非常に困難です。何か押しつけがましさ、知らないことを教えてやっているといったような意味合いが感じられます。「～ですよ」という言い方を他に考えてみると、「危ないですよ」「絶対に来てくださいよ」など、相手の知らない情報を伝えて念を押すような意味合いが感じられます。この「よ」がもたらす共通の意味合いが、上の状況には合わないのだと考えられます。

　(2)の使われそうな状況を他に想像してみましょう。例えば、大勢の聴衆を前に講演する人が、最初のきっかけとして話している場面。そして、この後に「「越野」と言う人もいますから間違えないでくださいね」という文が続く場合などなら、つまり、やはり相手に念を押すように情報を与えるような場合なら、あり得そうです。

　このように、大変似た外見の文であっても、どのような意味を表すかは異なり、どのような状況に用いられるかが異なります。意味の違いを左右するのはほんの小さな要素が付いているかどうかだったりします。私たち母語話者は、その微妙な違いを生み出すほんの小さな手がかりを知っており、その状況に応じて表現したいコトガラを表す最適の文を選択して使っていますし、また、その使われた文から様々な情報を得ているのです。

1.2 「は」と「が」は同じか

【問題2】次の例文(5)～(7)の意味の違いは何でしょうか。
(5)　文学科の星野です。
(6)　僕は文学科の星野です。
(7)　僕が文学科の星野です。

（５）〜（７）のセットには次のような外見の違い（＝形式の違い）があります。

（５）　主語無し
（６）　主語が「は」で表されている
（７）　主語が「が」で表されている

　※ここで、「主語」とは、便宜上、その文が述べているコトガラが「何」を中心にして述べられているのか、その「何」を表すものとしておきます。

　（５）〜（７）の意味の違いは、上の形式の違いによりもたらされます。
　普通、自分の名前を相手に告げる状況では相手と自分とが同じ場に存在し、一々「僕は」と言わなくても「文学科の星野」は発話者本人であるということがわかります。

　しかし、次の状況のように、「僕」以外の人との関係性の中で、「僕」が文学科の星野だということを積極的に示したいときには、主語有りの（６）（７）が選ばれるでしょう。

　状況①：挨拶しようとした「相手」が、「経済学科の星野君」だった。「相手」対「僕」を示したい。
　状況②：「文学科の星野」に該当すると思われている人物がこの「僕」の他にも何人かいる。「複数の候補者」のうちの「僕」を示したい。

　状況①で用いられるのは（６）です。（６）は、〈君は経済学科の星野だけど、僕は文学科の星野だ〉といった、対比の意味を表すことが出来ます。

（６）　僕は文学科の星野です。

　同様に、次の（８）には対比の意味合いはありませんが、（９）には〈他の人

は反対ではないかも知れないが、僕は反対だ〉といった対比の意味合いが感じられます。

（8）　反対だよ。
（9）　僕は反対だよ。

「は」は、「何」に関して述べた文であるのか、その「何」を他のものから取りたてて示す働きがあります。

状況②で用いられるのは（7）です。（7）は〈文学科の星野と考えられている候補者、A・B・C・僕のうち、該当するのは僕だ〉といった意味を表しています。

（7）　僕が文学科の星野です。

これは、A・B・Cではなく「僕」であることを示すので、他を排除する排他の用法と言われたりします。次の（10）（11）も、（10）には〈他の人ではなく僕が行く〉といった排他の意味はありませんが、（11）にはあります。

（10）　買い物に行ってくるね。
（11）　僕が買い物に行ってくるね。

【問題3】次の（12）（13）の意味の違いは何でしょうか。
（12）　犯人は、歌手の山北三郎でした。
（13）　歌手の山北三郎が、犯人でした。

（12）と（13）はほとんど同じ意味を表しているように感じられます。（12）と（13）は「犯人」と「歌手の山北三郎」がひっくり返った「は」と「が」

の文のペアです。このように主語と述語のひっくり返った「は」と「が」の文のペアで、ほぼ同じような意味を表す場合を他にも集めてみましょう。

(14) クラス委員は素子です。
(15) 素子がクラス委員です。
(16) 主役は鹿野氏だ。
(17) 鹿野氏が主役だ。

(12)〜(17)の「は」の前、「が」の後に来る要素は、
  犯人・クラス委員・主役
といった、何かの「役割」を表すようなものです。そして、「は」の後、「が」の前に来る要素は、
  歌手の山北三郎、素子、鹿野氏
といった人物を表すものです。これらの文には、〈誰かがその役割に相当するはずである〉という前提があり、その誰かに相当するのが、「は」の後、「が」の前に来る人物であることを表しています。(12)(13)で言うと、
  誰かが犯人であるはずである
  その犯人は誰かというと、歌手の山北三郎であった
という意味を表しています。

では、これらは「は」の文と「が」の文で全く違いが無いのでしょうか。もう一度、(12)と(13)を観察してみましょう。次の(18)(19)の文脈では(12)と(13)のどちらがより適切でしょうか。

(18) この事件は、戦後この村で起こった唯一の殺人事件です。
   { (12) 犯人は、歌手の山北三郎でした。
     (13) 歌手の山北三郎が、犯人でした。

(19) お年寄りをねらう卑劣な犯行。
　　　⎰(12)　犯人は、歌手の山北三郎でした。
　　　⎱(13)　歌手の山北三郎が、犯人でした。

　どちらも誤りだとは言えないけれども、おそらく、(18)(19)の文脈によりふさわしいのは、いずれも(12)だと判断する人の方が多いのではないかと思います。(18)(19)の先行文脈に共通するのは、いずれも「犯人」そのものが直接の話題になっていないということです。「は」の文は、これまで話題になっていないモノでも、その「は」の前に述べて、〈これに関して言えば〉という新たな話題提示をし、〈それは何(誰・いつ・どこ…)かというと〉という意味を表すことが出来ます。他方、「が」の文は、一度文脈で明確に話題になっているモノに関してでなければ、〈それは何(誰・いつ・どこ…)かというと〉という意味を表すのは不自然です。

　だから、「が」の文が用いられると、その文には明示されていなくても何かが既に話題として前提にされているという意味合いが生じます。例えば、先に挙げた(7)を、初対面の相手にいきなり言ったら、かなり不遜な印象を与えるはずです。

(7)　僕が文学科の星野です。

　(7)は「が」の文なので、この場合「文学科の星野」の存在が周知の事実になっていて、その誰もが知っている有名な「文学科の星野」が誰かというと、この「僕」である、ということを表すことになるからです。

　「は」の文は、そのコンテクストにおける話題を「〜は」の形で他から取りたてて明示しますが、「が」の文は、その文内で話題を明示するのではなく、話題が何であるのかは、文脈や状況に依存します。

僕は（に関して言えば） 　　明示的な話題	文学科の星野です。
犯人は（に関して言えば） 　　明示的な話題	山北三郎です。
文学科の星野（に関して言えば） 　　非明示的な話題	僕が　文学科の星野です。
犯人（に関して言えば） 　　非明示的な話題	山北三郎が　犯人です。

　「は」は話題を取りたて、明示するのが基本的な機能であり、その取りたて方が他と対立的である場合には「対比」の意味合いが強くなります。他方、「が」には話題提示の機能はありません。

　このように、例えば「は」と「が」が違うだけでも文の意味は異なります。どのような要素がどのように結びつくとどのような意味を表すことができるのかといった知識を、私たち母語話者は獲得しており、その知識を駆使して、日常の言語生活を送っています。その知識とは、一体どのようなものなのでしょうか。要素同士を組み合わせて文を作ったり、できあがった文を理解したりするために用いている、日本語のしくみ・規則性とはどのようなものなのでしょうか。こうしたことを、実際に用いられている日本語の例を観察したり、内省によってある形式を持つ文がどのような意味であるのか、自然な文であるのかどうかなどを観察することなどによって明らかにしようとするのが、日本語文法論です。

第2章　私はアップルジュースです

2.1　「私はアップルジュースです」は誤用か

　飛行機の中でサービスされる飲み物はたくさんあります。日本茶・ウーロン茶・紅茶・コーヒー・アップルジュース、ワイン・ビールも。その中から、アップルジュースを頼んだとします。しかし、客室乗務員が間違って隣席の人が頼んだアイスティーを手渡そうとしています。そんなとき、どのような表現を用いて誤りを知らせるでしょうか。

（1）　あ、違います。
（2）　アップルジュースを頼んだんですが。
（3）　アップルジュースがほしいんですけど。
（4）　これは隣の人のでは？
（5）　アイスティーは隣の人です。
（6）　私はアップルジュースです。

　他にも、「これ、アップルジュースですか？」と聞くとか「えーっと」と言って困った顔をしてみせるとか、様々な表現の可能性があります。そして、おそらく上のどの表現も、この状況における表現意図を伝えることに成

功するはずです。

【問題１】　上の様々な表現のうち(5)(6)は「は」の文ですが、「非論理的な文である」とか「省略された誤用文である」などと批判されることがあります。どの点が「非論理的」「省略された誤用」と言われる点なのでしょうか。推察してみてください。
(5)　アイスティーは隣の人です。
(6)　私はアップルジュースです。

　上の(5)(6)を批判する人は、「ＡはＢだ」型の文を次のようなものだと考えていると推察されます。

(7)　〈「ＡはＢだ」型の文はＡとＢとが同一であるものとして両者を結びつけるものだ〉

　この考えからすると、(5)(6)は以下のような意味と解釈されます。

(5')　アイスティーという飲み物はどれかというと、自分の隣の座席に座っている人が(実は人間ではなくて)それだ、という意味
(6')　私は何者かというと、実は人間ではなくアップルジュースという飲み物だ、という意味

(5')

(6')

　それなのに、現実に上の状況で伝えたい意味、そして現実に解釈される意味とは次のようなものです。

(5")　アイスティーという飲み物を<u>頼んだ人</u>は誰かというと、自分の隣の座席に座っている人がそれだ、という意味
(6")　私が<u>頼んだのは</u>何かいうと、アップルジュースという飲み物だ、という意味

　つまり(5)(6)からこの状況に適した意味を解釈するためには、(5")(6")の下線を引いたような意味が付加されなければなりません。おそらく、この意味的付加が、批判的立場の人にとっては「あるべきものが言語化されず省略されている」ものと捉えられ、いい加減であいまいな表現だと感じられる原因になっているのだと思われます。しかし、本当にそれは「あるべきもの」が省略されているのでしょうか。

　(7)のような考えから出発するので、(5)(6)にはあるべきものがないということになりますが、(7)から出発することに根拠はありません。まるで、現にいくらでも背の低い大人はいるのに、突然160センチ以上の身長がなければ大人ではない(だって欧米人の大人はみんなそうだから―)、と思いこんでしまったようなものです。(7)から出発する言語への批判は、実例から出発してそこに潜む規則性を考えるのと異なり、(5)や(6)や、その他

たくさんの実例を無視し、考えに合わない実例を切り捨てる、本末転倒したあり方です。

（8）〈春樹君を探している人に対して〉
　　　春樹君はプールサイドだよ。
（9）〈親の習い事を披露し合っていて〉
　　　うちの母親はフラメンコだよ。

（8）もこの状況では、春樹君が<u>いる場所は</u>どこかというと、プールサイドだという意味、（9）もこの状況では、うちの母親が<u>習っているもの</u>は何かというと、フラメンコだという意味です。（5）（6）（8）（9）の類は、店で鰻重を注文する際に言われる「僕はうなぎだ」を代表として、「うなぎ文」と呼ばれることがあります。うなぎ文は、日常いくらでも見聞きする日本語の文です。

2.2 「AはBだ」文の文脈・状況依存度

【問題2】　うなぎ文とは呼ばれない、つまり批判されない「AはBだ」文（次の例(10)(11)）とうなぎ文((5)(6)(8)(9))との違いは何でしょうか。共通点は何でしょうか。整理してください。
(10)　私の注文品は、アップルジュースだ。
(11)　春樹君の居場所は、プールサイドだよ。

　批判されない「AはBだ」文は、「は」の前の言語形式「私の注文品」「春樹君の居場所」の意味が、文脈や状況に応じてそれ以上の意味を補わなくても理解できます。これに対し、（5）（6）（8）（9）は、「は」の前の言語形式「アイスティー」「私」「春樹君」「うちの母親」の意味を、この文の発話された文脈・状況に応じて、「アイスティー<u>を頼んだ人</u>」「私<u>の頼んだもの</u>」「春

樹君のいる場所」「うちの母親が習っているもの」というように、補って理解しなければならないのでした。

　文脈・状況との関係で相違点を整理すると、批判されない「AはBだ」文は、文脈・状況から意味の補充がなされなくても理解でき独立度が高いのに対し、批判される「AはBだ」文は、文脈・状況からの独立度が低く、文脈・状況から意味の補充がなされなければ理解できない、文脈・状況への依存度の高いものということになります。

批判されない 「AはBだ」文	批判される 「AはBだ」文
文脈状況独立度・高 文脈状況依存度・低	文脈状況独立度・低 文脈状況依存度・高

　では、このように文脈・状況への依存度の高い文は、非文法的なのでしょうか？　非論理的であいまいで誤った文なのでしょうか？　そのようなことはありません。どのみち文の意味とは実際の文脈や状況に応じて決定されるものです。文脈や状況からの意味補充・支えがわずかであるものもあれば、かなりの程度必要なものもあるというに過ぎません。

　それに、文脈や状況からの意味補充がかなりの程度必要な文型が、言語運用上、誤解を招くことが多いということもないのではないでしょうか。そのような不便な経験を私たちはどれだけしているでしょう。日本語が行き交う社会にいて、適切にその文脈・状況を把握している会話者であれば、意味補充が必要だからといって誤解するということは、まずないはずです。

　むしろ、文脈や状況からの意味補充がかなりの程度必要な文型とは、固定的な意味以上に、発話者・受容者のそのときどきの意味の付与の自由さを保証した型と言えます。それは、少ない言語形式の型で、文脈・状況に応じて

意味をふくらませることの可能性を、規則の中に織り込んだものとも言えます。

　私たち日本語母語話者は、「AはBだ」文はそのような可能性の織り込まれた規則を持つ文だということを知っているので、飛行機の中で「私はアップルジュースです」と言われた客室乗務員が宇宙人でも見るようにびっくりしてしまうということなど絶対にありません。

　批判されない「AはBだ」文(10)(11)であれ、批判される「AはBだ」文(5)(6)(8)(9)であれ、共通しているのは、次の意味です。

(12)「AはBだ」文の意味：
　　　Aに関して言えば、それが何か(誰か／どこか／いつか…)というと、Bである。

2.3　「AはBだ」以外の形式にうなぎ文はあるか

　ところで、うなぎ文のように文脈・状況の意味補充が必要なのは「は」を用いた文だけでしょうか。

【問題3】　次の文が成り立つのに文脈・状況の意味補充が必要でしょうか。必要と思われる場合、どのような文脈・状況で成り立つかを自由に考えてみてください。
(13)　アップルジュースが私です。
(14)　めがねが箱だ。
(15)　友人も書店です。
(16)　ケーキこそ日本だ。

　(13)(14)は「が」の文です。(13)(14)は例えば次のような意味を表すも

のとして成立します。

(17) 状況：〈隣席の人の頼んだ飲み物を間違って手渡そうとする客室乗務員に誤りを指摘する〉
    意味：私が<u>頼んだものは何かというと</u>、アップルジュースだ
(18) 状況：〈箱に入っているものは時計だと思っている人に誤りを指摘する〉
    意味：箱に<u>入っているものは何かというと</u>、めがねだ

(17)(18)の下線部は文脈・状況から補われる意味を示しています。このように、(13)(14)は文脈・状況からの意味補充を必要として成り立つ文です。「が」の文にも、第1章で見た次の(19)のように(話題は文の中に明示されず文脈・状況に依存することになるものの)、AとBの結びつきに関して文脈・状況から意味補充をする必要が無く、独立度の高い文もあれば、(13)(14)のように独立度の低い文もあるということです。

(19) 歌手の山北三郎が犯人です。

(15)(16)は「も」「こそ」の文です。(15)(16)は例えば次のような意味を表すものとして成立します。

(20) 状況：〈発話者が働いている場所は書店だという文脈〉
    意味：友人が<u>働いている場所も</u>どこかというと、書店だ
(21) 状況：〈どのような修行が日本で行うのにふさわしいかを論じている〉
    意味：ケーキ<u>を作るために修行するのに適した国</u>こそ、日本だ

他にも様々な文脈・状況が考えられるでしょう。その1つの例として

(20)(21)のような場合を考えてみると、やはり(20)(21)の下線部が示すように、(15)(16)も文脈・状況から意味補充をすることが必要な、文脈・状況依存度の高い文です。

　このように、「は」の文で観察したうなぎ文と同様の、文脈・状況への依存度の高い文には、「は」以外の形式の文もあります。それらを次のようにまとめておきましょう。

(22)　「Aが(は・も・こそ…)Bだ」型の文は、AとBを結びつけるが、A・Bの意味を文脈・状況に応じて創造的に解釈する可能性を宿しており、文脈・状況に応じて意味の補充をすることがほとんど必要ないものから、かなりの程度補充しなければならないものまで様々なものがある。
　　また、Aの後に「が・は・も・こそ…」の何が付くかによって、文の意味は異なる。

　(22)のような規則を日本語母語話者は知っているので、文脈・状況に応じ、その「Aが(は・も・こそ…)Bだ」型の文についての最適な解釈を難なく行っているのです。

第3章 ティラノサウルスは前足が短い

3.1 「…が…が…」文は誤用か

　今から 6550 万年以上前、この地球上に人類が誕生するはるか以前に、様々な種類の恐竜たちが生存していました。化石の発掘により明らかになっている恐竜たちの特徴とは例えば次のようなものです。

（1）　ティラノサウルスは、前足が短かった。
（2）　スピノサウルスは、背に巨大なひれが付いていた。
（3）　アンキロサウルスは、尾がハンマー型だ。
（4）　トリケラトプスは、角が生えていた。
（5）　ブラキオサウルスは、首が長かった。

【問題１】　上の（１）〜（５）はすべて「ＡはＢがＣ」という形をしています。この「は」を「が」に換えた「ＡがＢがＣ」文は成り立つでしょうか。もし成り立つとしたら、どのような状況でしょうか。

（６）　ティラノサウルスが、前足が短かった。
（７）　スピノサウルスが、背に巨大なひれが付いていた。
（８）　アンキロサウルスが、尾がハンマー型だ。
（９）　トリケラトプスが、角が生えていた。
（10）　ブラキオサウルスが、首が長かった。

（６）〜(10)のように１つの文に「…が…が」と２つの「が」が用いられると自然さが落ち、これらは「…は…が」と言うべきところを間違って使用した、誤用文であるとされることがあります。この考えは妥当でしょうか。

まず、「…が…が」と２つの「が」が連続して用いられると自然さが落ちるということは本当かもしれません。しかし、そうだとしても、「自然さが落ちる文はすなわち誤用である」とは限りません。ここで「自然さが落ちる」と言われているのは、次の(11)が理解不能であるというのとは質が異なります。

(11)　がティラノサウルス、短かったが前足。

もしも(11)が（６）のような意味を伝えたかったものなら、要素どうしの結びつきの順番に関する規則を完全に破っており、日本語文として成り立ちません。全く意味理解できず、これこそ誤用です。これに対し、（６）〜(10)は不自然な感じを伴いながらもある意味を伝える文として機能していると言えるのではないでしょうか。

また、「…が…が」が「…は…が」と言うべきものを間違って言ったものだと結論づける前に、「…が…が」には「…は…が」とは違う意味があるの

ではないか考えてみるべきです。

　（６）〜(10)が成り立つ状況を自由に考えてみましょう。例えば次の(12)(13)は、それぞれ（６）（７）が成り立つ状況の一例であり、その場合の意味です。

（６）　ティラノサウルスが、前足が短かった。
(12)　状況：子ども達が恐竜クイズをしている。前足が短かったのはティラノサウルス、ブラキオサウルスのどちらか、という問題に対して答える状況。
　　　意味：前足が短かったのはどちらか、というと、ティラノサウルスだ。
（７）　スピノサウルスが、背に巨大なひれが付いていた。
(13)　状況：恐竜を来館者に説明する博物館員が「ブラキオサウルスは背に巨大なひれが付いていたんですよ」と誤って言ったのをそばで聴いていた助手が、小声で訂正する状況。
　　　意味：背に巨大なひれが付いていたのは何かというと、スピノサウルスだ。

　このようにしてみると、「ＡがＢがＣ」型文の（６）〜(10)は、次のような意味を表すものと考えられます。

(14)　「ＡがＢがＣ」型文の意味：
　　　「ＢがＣ」というものは何(誰・どこ・いつ…)かというと、「Ａ」だ

　これは、第１章で観察した(15)のような「ＡがＢだ」型文が表す意味と共通しています。

(15)　歌手の山北三郎が、犯人だ。
　　　意味：犯人は誰かというと、歌手の山北三郎だ。
(16)　「A が B だ」型文の意味：
　　　「B」というものは何（誰・どこ・いつ…）かというと、「A」だ

　これに対し、「A は B が C」型文は次のような意味を表します。

（１）　ティラノサウルスは、前足が短かった。
(17)　意味：ティラノサウルスはどのようなものかというと、前足が短かった。
（２）　スピノサウルスは、背に巨大なひれが付いていた。
(18)　意味：スピノサウルスはどのようなものかというと、背に巨大なひれが付いていた。

　そこで、「A は B が C」型文の（１）〜（５）は、次のような意味を表すものと考えられます。

(19)　「A は B が C」型文の意味：
　　　「A」は何（誰・どこ・いつ…）かというと、「B が C」というものだ

　そしてこれらは第１章で観察した(20)のような「A は B だ」型文が表す意味と共通なのです。

(20)　犯人は、歌手の山北三郎だ。
　　　意味：犯人は誰かというと、歌手の山北三郎だ。
(21)　「A は B だ」型文の意味：
　　　「A」というものは何（誰・どこ・いつ…）かというと、「B」だ

つまり、「AはBがC」型文と「AがBがC」型文とは、「は」と「が」の違いに応じて、それぞれに異なる意味を表す役目を負った、それぞれに機能的な文であるということです。「AがBがC」型文は、決して、「AはBがC」型文のなり損ないではありません。

3.2 「はが」文は広く「がが」文は狭い

【問題2】 次の(22)〜(24)の「は」を「が」に換えた文は成立するでしょうか。

(22) リンゴは私が買っておくね。
(23) 資金は支援者らが調達した。
(24) 田中先生は留学生が招待した。

(22)〜(24)の「は」を「が」に換えた「AがBがC」型文の許容度はぐっと低く感じられるのではないでしょうか。

(25)？リンゴが私が買っておくね。
(26)？資金が支援者らが調達した。
(27)？田中先生が留学生が招待した。

同じ「AがBがC」型文でも、さきほど観察した「AがBがC」型文(6)〜(10)の方が、適切な状況さえ整えば、よほど許容されやすく、意味理解もしやすいものと思われます。

(6) ティラノサウルスが、前足が短かった。
(7) スピノサウルスが、背に巨大なひれが付いていた。
(8) アンキロサウルスが、尾がハンマー型だ。

(9) トリケラトプスが、角が生えていた。
(10) ブラキオサウルスが、首が長かった。

　ここで1つの疑問が生じます。同じ「AがBがC」型文なのに、許容度が低い(25)～(27)と、許容度が高い(6)～(10)とがあるのはなぜなのでしょうか。両者にはどのような違いがあるのでしょうか。―疑問①

　一方、「AはBがC」型文の方は、(1)～(5)も(21)～(23)も同様に許容されるものと思われます。

(21) リンゴは私が買っておくね。
(22) 資金は支援者らが調達した。
(23) 田中先生は留学生が招待した。
(1) ティラノサウルスは、前足が短かった。
(2) スピノサウルスは、背に巨大なひれが付いていた。
(3) アンキロサウルスは、尾がハンマー型だ。
(4) トリケラトプスは、角が生えていた。
(5) ブラキオサウルスは、首が長かった。

　ここで2つ目の疑問が生じます。「AがBがC」型文は許容度の高いものと低いものとがあるのに、「AはBがC」型文にはそのような違いがないのはなぜでしょうか。―疑問②

　「AがBがC」型文で許容度の異なる両グループを比べてみると次のような違いがあります。

第3章 ティラノサウルスは前足が短い　23

■許容度の低いグループ
　「AがBがC」の「Aが」は、「C」に対して「Aを」の形で結びつくことのできる要素である。

(25)？　リンゴが 私が買っておくね。

　　　（私が　リンゴを　買っておくね）

(26)？　資金が 支援者らが調達した。

　　　（支援者らが　資金を　調達した）

(27)？　田中先生が 留学生が招待した。

　　　（留学生が　田中先生を　招待した）

■許容度の高いグループ
　「AがBがC」の「Aが」は、「C」に対して「Aを」や「Aに」などで結びつくことのできない要素である。

(6)　ティラノサウルスが 前足が短かった。

　　　（ティラノサウルス　前足が　短かった）

(7)　スピノサウルスが 背に巨大なひれが付いていた。

　　　（スピノサウルス　背に　巨大なひれが　付いていた）

(8)　アンキロサウルスが 尾がハンマー型だ。

　　　（アンキロサウルス　尾が　ハンマー型だ）

　「AがBがC」型文では、「A」が「C」に対して例えば「Aを」の形で直接的に結びつき得るような要素の場合だと、成り立たないということです。

許容度の高い「AがBがC」型文の「A」は、「C」と直接的に結びつくのではなく、「BがC」全体をあたかも1つの形容詞のようにみなして、そのいわば臨時的な形容詞の表す属性の主体として結びついているように考えられます。―疑問①の答え

これに対し、「AはBがC」型文は、上のどちらの場合も成り立ちます。

■「AはBがC」の「Aは」が「C」に対して「Aを」の形で結びつくことのできる要素である場合

（21） リンゴは 私が買っておくね。

　　　（私が リンゴを 買っておくね）

（22） 資金は 支援者らが調達した。

　　　（支援者らが 資金を 調達した）

（23） 田中先生は 留学生が招待した。

　　　（留学生が 田中先生を 招待した）

■「AはBがC」の「Aは」が、「C」に対して「Aを」や「Aに」などで結びつくことのできない要素である場合

（1） ティラノサウルスは 前足が短かった。

　　　（ティラノサウルス 前足が 短かった）

（2） スピノサウルスは 背に巨大なひれが付いていた。

　　　（スピノサウルス 背に 巨大なひれが 付いていた）

（3） アンキロサウルスは 尾がハンマー型だ。

　　　（アンキロサウルス 尾が ハンマー型だ）

つまり、「AがBがC」型文は、「A」が「C」を補う要素として直接結びつく場合には成り立たないけれども、「AはBがC」型文は、そのような場合でも成り立ち、成り立つ範囲が広い、ということです。

このような違いを生むのは、基本的に「が」と「は」の機能が全く異なるものだからです。「が」は、「を」や「に」と同じように、ある要素が、述語とどのような意味的関係で結ばれるかを示す働きをします。

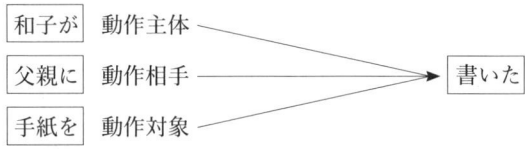

これに対し、「は」は、どのような意味的関係で結ばれるかを示す働きはせず、どのような意味的関係で結ばれる要素であれ、他と切り離して取りたてる働きをします。

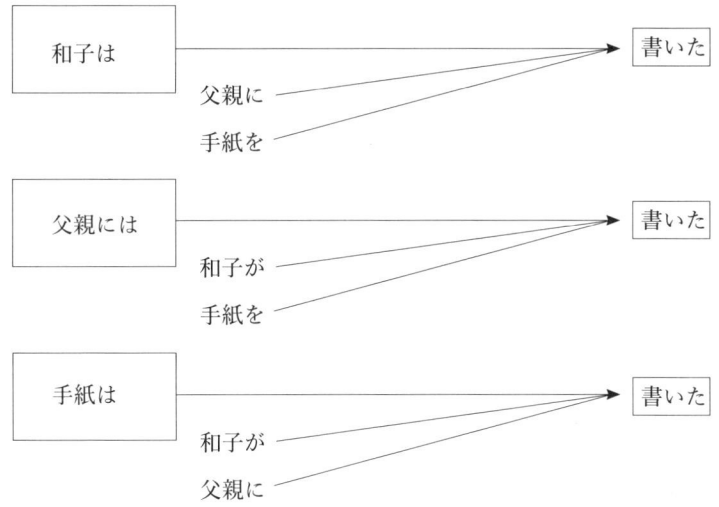

この基本的な機能の違いにより、「AがBがC」型文は「が」が持つ意味

と合わない場合(「を」や「に」と言い換えられるような場合)には成り立たないのに対し、「AはBがC」型文は幅広く様々な意味の場合に成り立つのです。―疑問②の答え

第4章　お庭がきれいで
　　　　いらっしゃいますね

4.1　尊敬語の文とはどのようなものか

　もしも敬語の使い方に自信があるかどうかを尋ねられたら、どのように答える人が多いのでしょうか。敬語使用に関する手引き書の多さからすると、かなりの人が自分の敬語使用に自信を持てずに、正しいものを学習したいと思っているのかもしれません。

　しかし、正しい敬語とは何でしょう。手引き書の中で「正しくない敬語表現」とされているものでも、実際には頻繁に使用されているようなものがたくさんあります。この章のタイトルの例文もそのようなもののうちの1つです。

【問題1】　次の例文(1)〜(4)の自然さを以下の三段階で判断してください。
　　　　　①自然な文であり、許容できる
　　　　　②少し違和感があるが、何とか許容できる
　　　　　③不自然な文であり、全く許容できない

(1) 〈テレビのレポーターがタレントの庭を紹介しながら〉
　　お庭がきれいでいらっしゃいますね。
(2) 〈論文を書いている先生に〉
　　御論文は完成なさいましたか。
(3) 〈天皇の病気を報道するテレビニュースで〉
　　全体としては、陛下のご様子は落ち着いていらっしゃる。
(4) 〈天皇の病気を報道する雑誌記事で〉
　　内臓が大変お強いようだ。(雑誌記事)
　　※(3)(4)は角田太作氏の著作『世界の中の日本語』(1991年)の中で用いられている例文です。以下、このような著作を角田(1991)のように表します。

　これらが敬語表現として正しくないと見なされてしまう理由は「非人物が主語になり尊敬語の対象になっている」からです。敬語表現の中でも**尊敬語の文**とは主語として表現される人物を高める、次のようなものです。

(5) お客様がお買いになったのはこれと色違いのものです。
(6) 社長が社員の働きぶりをご覧になるそうです。
(7) 先生はタクシーでこちらに向かわれるそうです。
(8) 先生がそろそろお着きだ。
(9) 青木部長がその事件をご担当だ。
(10) 社長が長野で講演なさった。
(11) お客様はお若くていらっしゃる。
(12) お嬢様がいらっしゃった。
(13) 先生はメロンを召し上がりますか。
(14) 奥様がカードをくださった。
(15) 社長がそんなことをおっしゃるわけがない。

上の例文の二重下線部分が尊敬語形であり、これらは下線を引いた文の主語である人物を高めています。こうした尊敬語の形式には次のようなものがあります。

　　生産性のある形…お／ご～になる・…られる・お／ご～だ・～ていらっしゃる・～なさる
　　特別の形　　　…なさる・いらっしゃる・召し上がる・くださる・おっしゃる

　問題の（１）～（４）は、尊敬語形式を持った文ですが、主語が人物ではなく「庭・論文・様子・内臓」というモノであるために誤用だとされかねないのです。しかし、（１）～（４）には、高めるべきではないものを高めているおかしな文だ、という違和感があるでしょうか。例えば次の(16)と同じ扱いでよいのでしょうか。

(16)　雨が降っていらっしゃる。

4.2　背後の所有者を高める文

　（１）～（４）は(16)とは異なり、許容度が高いものです。では（１）～（４）と(16)の許容度の違いは何に由来するのでしょうか。
　両者は同じように非人物が主語となっていても、（１）～（４）は、その主語で表されるものが何者かの所有物であり、背後に所有者がいます。他方、(16)の「雨」は所有物ではなく、背後に「雨」の持ち主などいません。（１）～（４）の許容度が高いのは、（１）～（４）が、この背後の所有者を高めているからです。このような文は所有者敬語と呼ばれることがあります。

(17) 所有者敬語：
「(Aの)B」が〜＋尊敬語形式
→Aが所有者でBがその所有物の場合、Bの背後にいるAを高める
※モノの背後にいる所有者は、「Aの」で言語化されることもあるし、されないこともある。

　非人物主語の尊敬語文はすべて誤用だと決めつけるのは、理屈に合わせて言語現象を切り捨てる、本末転倒の考え方です。尊敬語形式は、言語化されている人物を高めるだけではなく、背後の人物を高めることができると考えるべきです。

　しかし、所有物が主語であればどのような尊敬語形式も成り立つわけでもありません。

【問題2】　次の例文(18)〜(22)の自然さを以下の三段階で判断してください。
　　　　①自然な文であり、許容できる
　　　　②少し違和感があるが、何とか許容できる
　　　　③不自然な文であり、全く許容できない

(18)　最近、天皇陛下の髪がすっかり白くなられました。
(19)　陛下の意識がおありになる。
(20)　天皇陛下のお帽子が少し古くなられました。
(21)　陛下の馬が優勝なさいました。
(22)　天皇陛下のお車が故障なさいました。

　(18)〜(22)は角田(1991)で報告されている所有者敬語文の許容度に関す

るアンケート調査に用いられた例文の一部です。角田(1991)の調査によると(18)〜(22)の許容度は以下のようでした。

(23) 角田(1991)所有者敬語文の許容度調査結果：
(18)1.4 (19)0.9 (20)0.6 (21)0.5 (22)0.4
(総数73人、自然＝2・おかしい＝0・どちらとも言えない＝1に換算した場合の平均値)

このように、所有者敬語の形式を持つ文には許容度の高いものもあれば低いものもあります。何でもかんでも所有物を主語にして尊敬語文を作ればよいというわけではないのです。では、どのような所有者敬語文が自然で許容度の高いものとなるのでしょうか。

4.3　許容度の高い所有者敬語文とは

(23)の結果から、角田(1991)は、同じ所有物とは言っても所有者と近いものもあれば遠いものもあり、この近さの違いによって、所有者敬語文の許容度は左右されると考えました。すなわち、所有者に近い所有物が主語になっているものほど、所有者敬語文の許容度は高いと考えたのです。角田(1991)は所有者との近さを次のように示しています。

(24) 角田(1991)所有者との近さ：
身体部分＞属性＞衣類＞愛玩動物＞その他の所有物

なるほど、身体部分「髪」を主語とする所有者敬語文は最も許容度が高く、属性「意識」・衣類「帽子」・愛玩動物「馬」・その他の所有物「車」の順に許容度は低くなっています。

角田(1991)の考えでは、主語になる「非人物」だけが問題とされています。その「非人物」が背後の人物に近ければ近いほど、その人物自身を高めることになり、尊敬語形式が自然になると考えています。

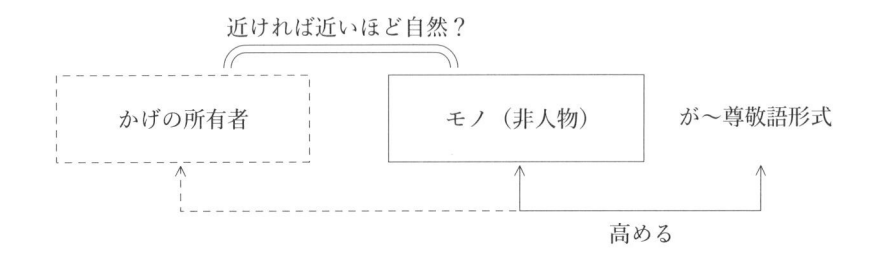

```
        近ければ近いほど自然？
   ┌─────────┐  ┌─────────────┐
   │ かげの所有者 │  │ モノ（非人物） │ が～尊敬語形式
   └─────────┘  └─────────────┘
         ↑              ↑
         └──────────────┘
                高める
```

　しかし、この考えには納得できない点があります。所有者と所有物の近さだけが問題ならば、同じ近さのものでは同じような自然さになるはずです。しかし、実際にはそうならないのです。

【問題3】　次の例文の許容度を判定してください。
(18)　最近、天皇陛下の髪がすっかり白くなられました。
(25)　天皇陛下の髪が風でおなびきになりました。

(20)　天皇陛下のお帽子が少し古くなられました。
(26)　天皇陛下のお帽子が少し雨でじめじめなさいました。

(21)　陛下の馬が優勝なさいました。
(27)　陛下の馬がおいななきになりました。

　(18)と(25)、(20)と(26)、(21)と(27)は所有者との近さが同じものであるにもかかわらず、許容度に違いがあるのではないでしょうか。だとすると、この違いは何によってもたらされるのでしょうか。

(18)の〈髪がすっかり白くなる〉という事態は、その所有者である天皇陛下自身についても老齢になったという情報を与え、その所有者がどのような属性を持つ人物であるのかを伝える表現です。他方、(25)の〈髪が風でなびく〉ということは、単なる一時的な髪の状態を描写するだけで、その所有者自身がどのような人物であるのかは伝えません。同じ「髪」に関する事態であっても、その所有者の描写にも有効な事態である方が、そうでないものよりも、所有者敬語文の自然さが増すのではないかと考えられます。

(20)と(26)も、〈帽子が少し古くなった〉という事態と〈帽子が少し雨でじめじめした〉という事態では、前者の方が、その所有者について、例えば古いものを身につけて冴えなく見えるとか、歳をとったことを感じさせるとか、何らかの情報を与えるのではないでしょうか。そして、そのようにモノについての描写がその所有者自体についても描写すると感じられるものの方が、所有者敬語文の許容度は高いと思われます。

(21)と(27)ではどうでしょうか。(21)のように、〈馬が優勝する〉ということは、その馬の所有者自身についても優勝するような馬を所有していてすばらしいという属性描写をすることとなり、所有者自体を誉め称えることになります。しかし、(27)のように、〈馬がいななく〉ということは、だからといって所有者のどのような属性が明らかになるわけでもありません。予測通り、後者のような場合は所有者敬語文の許容度は低くなります。

つまり、所有者敬語文の自然さを左右するのは、〈その所有物に関しての事態がいかに所有者自身を表す可能性が高いか〉ということです。確かに、その「所有物」が「所有者」と近ければ近いほど、その「所有物に関する事態」が、「所有者」の描写にとっても有効であることが多いでしょう。しかし、ただ単に、「所有者」と「所有物」の関係だけで、その有効性が決まるわけではありません。その「所有物に関わる事態」が、どの程度、その所有

者自身の問題になり得るか、によるのです。

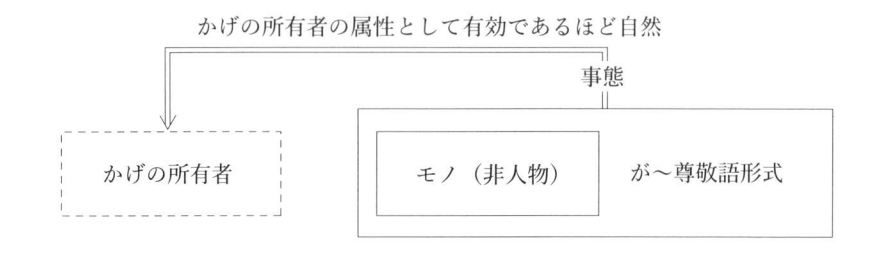

```
                かげの所有者の属性として有効であるほど自然
        ┌─────────────────────────┐
        │                    事態
   ┌────▼────┐     ┌──────────────────────────┐
   │ かげの所有者 │     │  モノ（非人物）    が～尊敬語形式  │
   └─────────┘     └──────────────────────────┘
```

(28)　所有者敬語文の許容度を左右する要因：
　　　「（Aの）Bが～＋尊敬語形式」文の
　　　「A」と「B」の関係ではなく、
　　　「A」と「Bが～＋尊敬語形式」との関係

　尊敬語は主語となる人物を高めるしくみということですが、同じ尊敬語形式が、主語となるものの背後にいる人物を高める場合もあることを見ました。はっきりとは言語化されていない対象に対しても、述語に尊敬語形式を用いることによって敬語表現が可能だということです。
　レポーターがタレントの庭を紹介するとき、あるいは、近所の人と庭先で出会ったとき、口をついて出てくる「お庭がきれいでいらっしゃいますね」は、その聞き手の住む家の、聞き手が丁寧に手入れしている「庭」に関しての発話に決まっており、「庭」を褒めることによって聞き手自身を高めるあいさつとして、とても自然な文です。
　「庭」と「その所有者」の近さだけで言えば、物理的に切り離され遠いものです。角田氏の示した(24)では、最も遠い関係の「その他の所有物」となるでしょう。しかし、この文がとても自然であるのは、庭に関して述べる事柄が、丹精込めて手入れしている所有者自身に関して述べることに他ならないからです。

この「所有者敬語」文という類は、人により自然かどうかの判断がだいぶゆれる表現です。それは、言語的にこれこれの「所有者」についてはこれこれの「所有物」を表す名詞が使われていれば必ず許容される文ができあがるというような固定的な成り立ちの文ではなく、「所有物」に関わる事態がどれだけその「所有者」自身を描写し高める表現となり得るのかという、個々人の解釈に、その許容度が左右されるものだからです。

第5章　これから発表させて
　　　　いただきます

5.1　謙譲語の文とはどのようなものか

あるゼミで、口頭発表する学生が次のように話し始めました。

（1）　では、これから発表させていただきます。発表をわかりやすくするために資料をレジュメの冒頭に添付させていただきました。まず、その資料の①の部分を読ませていただきます。

　（1）には「～(さ)せていただく」が3回も出てきます。発表の冒頭という大変緊張する状況で、なぜこの発表者は「～(さ)せていただく」を何回も用いたのでしょう。「～(さ)せていただく」にはどのような便利な機能があるのでしょうか。
　一方、「～(さ)せていただく」を頻発することについてよく思わない人もおり、非難されることもあります。では、そのような人にとって「～(さ)せていただく」のどのような点がおかしく感じられるのでしょうか。
　（1）の「～(さ)せていただく」の文は、いずれも自分の行動を低く表現して相手を高めようという意図の明確な、そして規範に則した表現であるように見えますが、これらも非難の対象になるのでしょうか。なぜ「～(さ)せて

いただく」は非難の対象になるのでしょうか。

　自分の行動を低く表現して相手を高める表現には他にどのようなものがあるでしょうか。その中で「〜(さ)せていただく」はどのような意味を表すものなのでしょうか。

【問題１】　次の(２)(３)のabの意味の違いを考えてください。
(２)a　お荷物、お持ちしますか。
　　 b　お荷物、お持ちになりますか。
(３)a　さきほど申しましたように、会長が辞任します。
　　 b　さきほどおっしゃいましたように、会長が辞任します。

　(２)は「私が荷物を持つ」という事態の、「私」を低めた表現aと「あなたが荷物を持つ」という事態の、「あなた」を高めた表現bのペアであり、(３)は、「私が言った」という事態の、「私」を低めた表現aと「あなた(または高めるべき第三者)が言った」という事態の、「あなた(第三者)」を高めた表現bのペアです。いずれも、aは主語となる人物を低めた表現であり、bは主語となる人物を高めた表現です。
　aのように主語となる人物を低めた表現を**謙譲語の文**と呼びます。謙譲語の形式には次のようなものがあります。

　　生産性のある形…お／ご〜する・申し上げる
　　　　　　　　　…〜いたす　お／ご〜いたす
　　特別の形　　　…いたす・伺う・まいる・申し上げる・申す・存じあげる・存じる・いただく・さしあげる

5.2 「〜させていただく」の成り立ち

「〜(さ)せていただく」形式は、

| ①「〜(さ)せる」 | ＋ | ②「〜ていただく」 |

という2つの要素が結びついてできています。

まず、①「〜(さ)せる」は、誰かが誰かに行動を起こさせる「**使役**」の意味を表すものです。

(3) 社長は社員に原材料表示とは異なる肉を混入させた。

「使役」の意味と一口に言っても、(3)は様々な事態を表します。

a 命令を拒もうとする社員にむりやり変な肉を混入するよう、社長が強制した。
b 社員が変な肉を混入したいと言いだし、社長が許可した。
c 社員が変な肉を混入することを、社長が見て見ぬふりした。
d 社員が変な肉を混入することを、社長が過失により止められなかった。

a〜dは、この順に社長の使役の働きかけが弱くなると言えるでしょう。しかし、いずれも、社長に事態の責任があることが示されています。
(1)の「発表させていただく・添付させていただく・読ませていただく」の「(さ)せる」の部分は、〈聴衆が、発表者に対して、「発表する・資料を添付する・資料を読む」ように使役の働きかけを行う〉、という意味を表しています。そして、この場合の使役の意味は、発表者のそうした行動を許可す

る、といった弱い意味だと考えられます。ただし、実際に「発表してよし」と言うなどの「許可」行為があるわけではありません。

②の「〜ていただく」は、「〜てもらう」と同じように、誰かから恩恵を受ける「**受益**」の意味を表しますが、「〜てもらう」よりも恩恵の与え手を高くした表現です。

（4） 通行人に写真を撮ってもらった。
（5） 通行人に写真を撮っていただいた。

（4）（5）ともに、恩恵の与え手は「〜に」で表される人物で、受け手は言語化するとすれば「〜が」となります。（4）に比べ（5）の方が「通行人」を高めた言い方です。
　（1）の「発表させていただく・添付させていただく・読ませていただく」の「ていただく」の部分は、発話者が聴衆から行為の恩恵を受けたということを、聴衆を高めて表しています。

つまり、「〜（さ）せていただく」は、この①使役と②受益が結びつき、「あなたが私の行動Xをしてもよいと許可を与える、という恩恵を、私はあなたから受ける」という意味です。
　（1）の意味とは、「私は研究発表会の聴衆の皆さんにお願いして発表すること・資料を添付すること・資料①を読むことを許可してもらうという恩恵を得る」という意味だということです。
　実際には、聴衆にお願いなどしていないし、聴衆も許可を与えるわけでもない、勝手に発表者が発表し、資料を添付し、資料を読むのですが、それでも「皆さん」の許可により「私」の行動が成り立つと見立てて、「皆さん」を高めた表現を実現しているのです。

5.3 「～(さ)せていただく」文の許容度

　この表現は非常に生産性が高く、あらゆる「自分の行動」に「～(さ)せていただく」を付け、相手の許可により自分の行動が成り立つと見立てることが形式的には可能です。広く謙譲語の文を作ることができ、プラス待遇の意味を表す効果が得られるという点で便利な機能を持つ形式なのです。

　(私が)帰らせていただく・飲ませていただく・片付けさせていただく・調理させていただく・努力させていただく…

　ただし、自分の行動を表しているものならばどのような動詞でも「～(さ)せていただく」が付くとは言っても、すべての状況で同じように許容度の高い文になるわけではありません。

【問題2】　次の会話は、靴屋で靴を買おうとしている客と店員の間で交わされたものです。この状況で、①と②の文の許容度は全く同じでしょうか。自然さが異なるとしたら、より自然なのはどちらでしょうか。
(6)　　客　「この靴のデザインは気に入ったんですが、サイズが合わないみたいなんですが…自分のサイズ、よくわかんないんですけどね。」
　　　店員　「じゃ、ちょっと①お客様の足のサイズを測らせていただきますね。…(サイズを測った後)24 cmがいいようです。②今、在庫を見に行かせていただきますので、ちょっとお待ちください。」

　①と②では、①の方がより自然だと判断した人の方が多いのではないでしょうか。だとすると、それはなぜなのでしょうか。①と②の違いは何なのでしょう。

①も②も店員の行動を表す動詞に「〜(さ)せていただく」が付く点では同じですが、①の行動は、相手の足に測定器をあててそのサイズを測るという、かなり相手を巻き込んだ、相手の協力の必要な行動です。それに対して、②の行動は、靴の在庫を見に行くという、その行動の成立自体には直接相手が関わらない、相手に迷惑がかからない行動です。強いて言えば、在庫を見に行く間、客を１人にして待たせる迷惑ということぐらいです。

このように、自分の行動が相手に迷惑がかからないものであればあるほど、相手の許可を得る必要がないわけであり、「〜(さ)せていただく」の文は不自然になると考えられます。「〜(さ)せていただく」の不自然さは、許可を得る必要など無いところなのに、許可を得るお願いをするという見立てが、あまりにもそぐわない、わずらわしいものに感じられるという不自然さなのだと思われます。

菊地康人氏はこの「〜(さ)せていただく」の不自然さに関して、社会人103人にアンケート調査をしています。

【問題３】 次の例文はそれぞれの状況で自然か不自然かを判断してみてください。

(７) (学生が教師に)すみませんが、先生の本を使わせていただけないでしょうか。
(８) (パーティーの出欠の返事で)出席させていただきます。
(９) (結婚式で媒酌人が)媒酌人として一言ご挨拶させていただきます。
(10) (結婚式での、新郎の友人のスピーチ)新郎とは十年来のおつきあいをさせていただいております。
(11) (同、新婦の友人のスピーチ)私は新婦と三年間一緒にテニスをさせていただいた田中と申します。
(12) (セールスマンが客に)私どもはこのたび新製品を開発させていただきまして…。

(13) （近所の人に）私どもは、正月はハワイで過ごさせていただきます。

菊地康人氏の著作『敬語』(1997)によると、(7)～(13)のアンケート結果は以下のようでした。

	自然	不自然
(7)	90人	10人
(8)	86	13
(9)	78	21
(10)	58	37
(11)	40	50
(12)	17	76
(13)	5	93

この調査の結果も、「許可を得る」という意味がそぐわなくなるに従い、不自然だと感じる人の割合が増えていることを示しています。

このように、自分の行動を表す動詞に機械的に「～(さ)せていただく」を付けても自然な日本語の文になるとは限りません。「どの程度までの見立てなら、不自然と感じられないですむか」ということも、この文の使用に際して必要とされる知識です。そして、この知識の中身は、人によって違います。ある人は、そんな行動なら相手に関係が薄いことだから「～(さ)せていただく」は不自然だと感じるかもしれないし、他の人は、いや、迷惑の及ぶことだ、ぜひ「～(さ)せていただく」を使うべきだと感じるかもしれません。

冒頭の例文(1)の、研究会で発表者が用いた、例えば「発表させていただく」という表現も、研究発表会で発表するのは当たり前のことだから、「許可を得る」意味と合わないと考え、気に入らない表現だと感じる人もいるでしょうし、いや、「つまらない発表を耳に入れる」という迷惑の及ぶこととして、許可を得る見立てをするのはこの状況にぴったりだと感じる人もいるでしょう。どちらが正しいとは言えないことです。

しかし、中には、もう1つのタイプの人がいるのかもしれません。そもそも「発表させていただく」などの「自分の行動＋(さ)せていただく」には、どのようなものであれ、もはや「許可を得る」意味を全く感じない、というタイプの人です。このような人たちにとってはどんな「自分の行動＋(さ)せていただく」も不自然ではない、と感じられると思われます。

5.4 「〜(さ)せていただく」は変化している？

どんな「〜(さ)せていただく」も不自然ではないと感じる人にとっての「〜(さ)せていただく」の文法規則は、一歩先の変化途上にあるのかもしれません。

もともとの成り立ちとしては、「〜(さ)せていただく」は①「使役(＝許可)の「(さ)せる」」＋②「受益の「ていただく」」というもので、その結果として自分の行動を低く表すものですが、一歩先に変化した規則とは、この、それぞれの要素①②の持つ意味がもはや希薄になり、①＋②全体で、単に相手に対するプラス待遇の意味だけを表すものという、抽象化がなされているかもしれないのです。

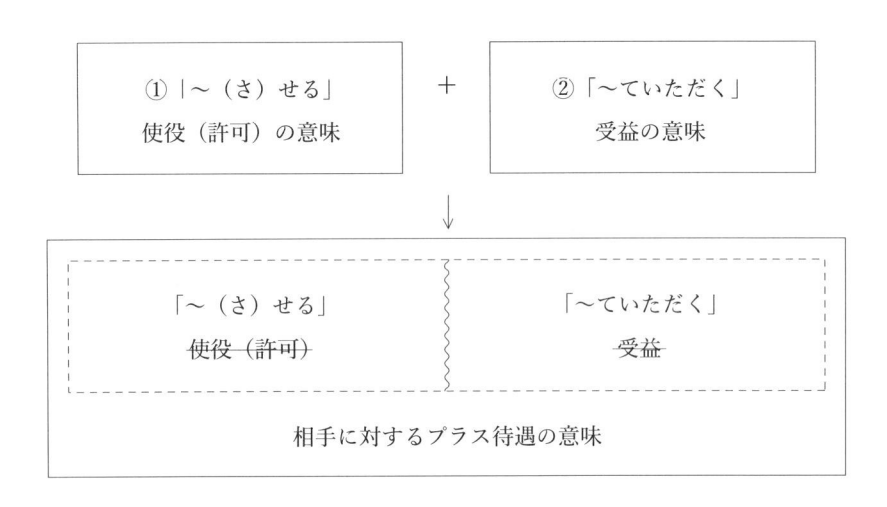

①「〜(さ)せる」 使役（許可）の意味	＋	②「〜ていただく」 受益の意味

↓

「〜(さ)せる」 使役（許可）	「〜ていただく」 受益
相手に対するプラス待遇の意味	

近年、「読ませていただく」「言わせていただく」の「せていただく」形が「読まさせていただく」「言わさせていただく」のような形をとり、「させていただく」形式1つに統一されているような現象が指摘されていますが、こうした形の変化も、もしかしたら、「(さ)せる」＋「ていただく」という成り立ちを消去して、全体で新たなプラス待遇の意味を表す形式となっていることを示すために、固定的な形を獲得している(と言うよりも、もともとの要素結合の意味が希薄になり全体で新たな意味を獲得したために、要素結合にさかのぼらない形が用いられるようになった)ことなのかもしれません。

　こうした現象が市民権を得て、多くの人の規範として確立するかどうかはわかりません。しかし、少なくとも今用いられる様々な「〜(さ)せていただく」形式には、発話の相手に対してプラスの待遇の意味を表そうとする意図が、共通に見いだされると思います。

第6章　明け方飛び起きた音

6.1　内の関係と外の関係

　次の会話は、寮で隣同士に住む二人の学生の会話です。朝早くに寮の近くで交通事故があり、目を覚ましてしまったことを話題にしています。

（１）　明け方にすごい音がしたな。おまえも起きただろ？　あの<u>明け方飛び起きた音</u>は、ダンプカーの事故だったみたいだな。
（２）　そうそう。すごかったよな。おまえが<u>明け方飛び起きた音</u>もすごかったぞ。ベッドから落ちただろー？

　（１）も（２）も下線部は同じ「明け方飛び起きた音」で、文の形のかたまり「明け方飛び起きた」が、モノを表す形「音」と結びついています。

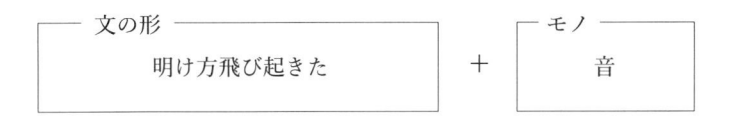

```
┌─ 文の形 ──────────┐      ┌─ モノ ─┐
│　明け方飛び起きた　│  ＋  │　音　  │
└──────────────────┘      └────────┘
```

　しかし、表している意味は（１）と（２）で違います。

【問題１】　（１）と（２）の「明け方飛び起きた音」の意味の違いを説明してください。

（１）の「音」とは、「明け方飛び起きた」ことの原因となる「音」です。これは、「明け方(ある)音で飛び起きた」というように文の形の内側に入れることもできるような意味を表す要素で、（１）はこの要素「音」と文の形との結びつきです。

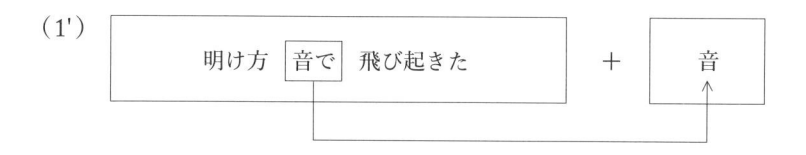

(1')　| 明け方　音で　飛び起きた |　＋　| 音 |

これに対し、（２）の「音」とは「明け方飛び起きた」ことの結果生じた「音」です。（２）は「音で」とか「音が」のような形で「明け方飛び起きた」という文の内側に入ることのできない要素が、言わば文の形の外側に付加したような意味的な結びつきです（「明け方(×音が・×音で・×音に・×音を…)飛び起きた」）。

(2')　| 明け方　　　飛び起きた |　＋　| 音 |

同じように「文の形」と「モノを表す形」とが結びついていても、その結びつき方の意味に違いがあるのです。「文の形」と「モノを表す形」との間に、その結びつきの意味の違いを明示する文法的な形・手がかりはありません。実際に、それがどのような意味的結びつきであるのかは、文脈・状況によってしかわからない場合もあります。

（１）のような結びつきの関係は**「内の関係」**、（２）のような結びつきの関

係は「**外の関係**」と呼ばれることがあります。他にも類例を挙げてみましょう。

内の関係
（3）　大富豪が所有する自家用ジェット機
（4）　一生懸命書いたレポート
（5）　ホールに置いてある現代彫刻
（6）　飲み屋で出た肴
（7）　部員が集まる部屋
（8）　注射針を刺した左肩

外の関係
（9）　実験を手伝ってくれたお礼
（10）　花束を持った人が通り過ぎた香り
（11）　料理で失敗した傷
（12）　外交官が到着する前日
（13）　高層ビルが建ち並ぶ右側
（14）　改革を推し進める考え
（15）　先生が結婚する話

　文脈により内の関係の場合も外の関係の場合もあるということは、上の例でも言えることです。例えば(13)は、次の文脈(16)では内の関係、(17)では外の関係です。

（16）　君の右手方向を見てください。高層ビルが建ち並んでいますね。あのように、高層ビルが建ち並ぶ右側と、広大な森の残る左側、このコントラストが、この街の魅力だと思うんです。
（17）　あそこに高層ビル群が見えますね。さらにその高層ビルが建ち並ぶ右側には、将来高速ターミナルができる予定なんです。

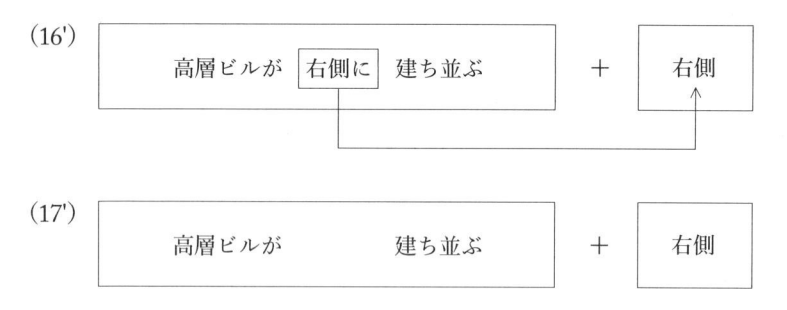

(16')　［高層ビルが ｜右側に｜ 建ち並ぶ］　＋　［右側］

(17')　［高層ビルが　　　建ち並ぶ］　＋　［右側］

6.2　結びつきのしくみ①——役割パズル型

「明け方飛び起きた」とか「高層ビルが建ち並ぶ」という「文の形」はここでは出来事を表しています。前節で述べた「明け方飛び起きた(文の形)＋音(モノを表す形)」という結びつきとは、「出来事を表す形」と「モノを表す形」との結びつきということです。

この結びつきにはどのようなしくみがあるのでしょうか。「出来事を表す形」と「モノを表す形」との間に、その結びつきの意味を明示する文法的な形・手がかりはないのに、どのようにして私たちはその結びつきを理解しているのでしょうか。

まず、内の関係の結びつきが、どのような知識により可能となっているのかを見てみましょう。

私たちは、「所有する」「書く」「集まる」などの述語となる動詞が、もともと個々の語の意味として、「誰が何を所有する」とか「誰が何を書く」とか「誰がどこに集まる」のように、ある決められた種類の役割を果たす要素と結びついて出来事全体を表すということを知っています。

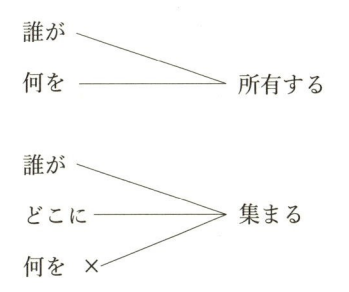

誰が ─────╲
　　　　　　╲
何を ──────→ 所有する

誰が ─────╲
　　　　　　╲
どこに ─────→ 集まる
　　　　　　╱
何を ──× ╱

　この、動詞が持つ、〈その動詞と結びつき得る意味的役割に何があるか〉という知識を用いて、欠けたパズルのピースをはめ合わせるように、「文の形」と「モノを表す形」とをつなぎ合わせるのが内の関係の結びつきです。これを「役割パズル型」と呼ぶことにします。
　つまり、ある出来事の意味を完成させるのにちょうどよい役割的意味のものとして、その「モノを表す形」を解釈し、内の関係の結びつきは成立しています。ここでは、動詞についての、語彙的な知識が役立てられているのです。

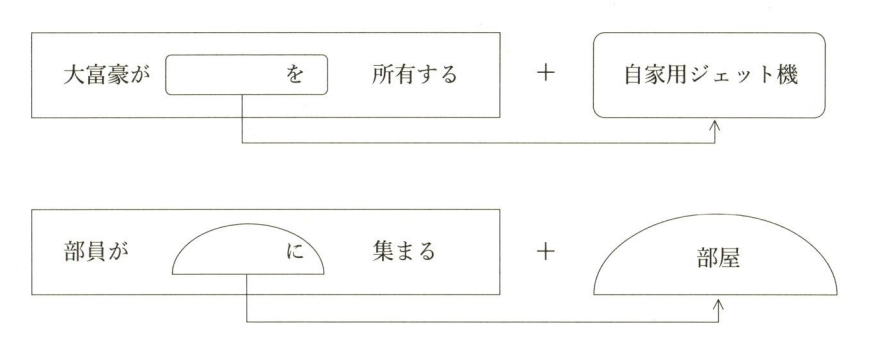

| 大富豪が 　を　 所有する | ＋ | 自家用ジェット機 |

| 部員が 　に　 集まる | ＋ | 部屋 |

6.3　結びつきのしくみ②──のりしろ型

　では、外の関係の結びつきはどのような知識に支えられているのでしょうか。述語と結びつく要素ではない要素が外側に付くということは、どのよう

な「モノを表す形」でも付加できるということなのでしょうか。

【問題2】 外の関係の例文(12)(13)の「前日」「右側」という語の表す意味はどのようなものでしょうか。「2007年6月4日」「本町西地区」のように表すのとどのような違いがありますか。

　外の関係の結びつきを観察してみると、いくつかのパターンがあることに気づきます。1つは、「モノを表す形」が「前日」「右側」のようなものです。

　「前日・右側・左・前・後ろ・翌日」などは、何かの基準があってはじめてその指示する時間・場所が決まります。「試験の前日」とか「あなたの右側」のように「試験」「あなた」といった基準があってはじめて、「前日」が何日のことであるのか、「右側」と指されている場所がどこであるのかがわかるのです。言わば、「前日・右側…」などの語は、基準との結びつき機能を持った、のりしろ付きの語です。

　このような、他との関係でその意味が決まる語を仮に「相対的な意味を持つ語」と呼ぶことにしましょう。外の関係の結びつきの第1のパターンは、「文の形」の表す出来事の意味が、そののりしろ付きの「相対的な意味を持つ語」の、のりしろに貼られる「基準」となる場合です。

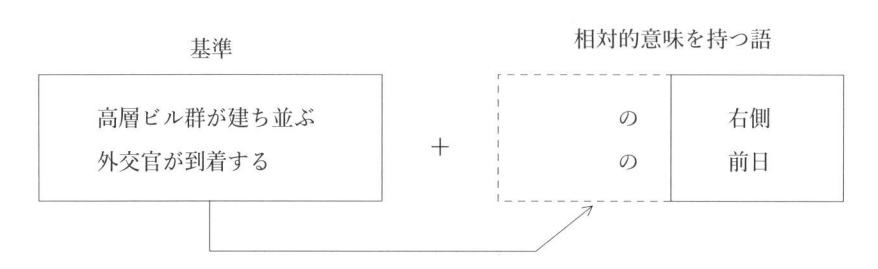

「音・お礼・香り・傷」などはどうでしょうか。例文(2)(9)(10)(11)の結びつきの関係は、上で見た第1のパターンに似ています。

(2') ある出来事 ＋ その結果生じる音

(9') ある出来事 ＋ その結果生じるお礼

(10') ある出来事 ＋ その結果生じる香り

(11') ある出来事 ＋ その結果生じる傷

　これらは皆、ある出来事とその結果生じること、原因とその結果という関係です。結果としての「音・お礼・香り・傷」は、そうした結果を生む出来事が示されなければ特定できません。この場合も、出来事が基準となり、それとの相対的な結果という関係で「モノを表す形」が結びついているものと言えます。
　外の関係の第1のパターンは、このように、相対的な意味を持つ語が、その語の具体的な意味を特定するために必要とするのりしろ部分にぴったりな「基準」として、その前に付く「文の形」の表す「出来事」の意味を解釈するというものなのです。これを「のりしろ型」と呼ぶことにします。

6.4　結びつきのしくみ③──かみ砕き型

　外の関係の2つ目のパターンは、「〜という〜」の関係で結びついているものです。例えば(14)(15)は「という」を入れて言うこともできます。

(14') 改革を推し進める　という　考え

(15')　先生が結婚する　という　話

【問題２】「悟空という名前」のように、「モノを表す形」＋トイウ＋「モノを表す形」の例を挙げてください。

　「AというB」は、「B」で示される抽象的なモノを「A」で具体化する表現です。「B」だけではよくわからないモノの中味を、かみ砕いてわかりやすく「A」で表すわけです。逆にいえば、具体的な「A」が、より一般的・抽象的な「B」という類に入るものだということを示しています。

　外の関係の「〜という〜」のパターンの例を他に挙げてみましょう。

(18)　古いものの中から新しいものを発見するという発想
(19)　自分で自分の生きる方向を決めるという自由
(20)　全国大会で二位になったという自慢話
(21)　見えていなくてもものの存在がわかるという感覚
(22)　テレビゲームをやめられなくなるという欠点

　「考え・話・発想・自由・自慢話・感覚・欠点」は、どれも抽象的な意味の語です。その前に付く「文の形」は、その抽象的な意味の中味を具体的に伝えるものです。その「考え」とはどういう考えかというと「改革を推し進める」考えだということであり、その「発想」はどういう発想かというと「古いものの中から新しいものを発見する」発想だということです。このような結びつき方を「かみ砕き型」と呼ぶことにします。

6.5　その他にも—①②③の組み合わせ

　さらに、上で見たような結びつきのしくみ①②③が組み合わされたような

ものもあります。

(23) 基礎のしっかりしていない研究
(24) 選んだパートナーが大臣になったA氏

　(23)は、文の形「基礎の(＝が)しっかりしていない」の「基礎」が、のりしろ付きの相対的な意味を持つ語で、「研究」は、その基準として結びつきます。

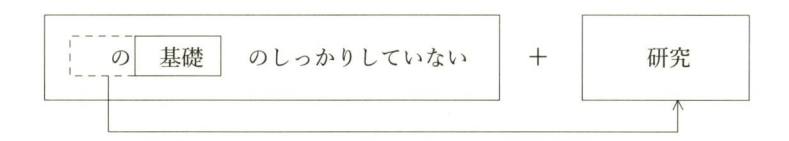

```
┌─┐┌──┐
│の││基礎│のしっかりしていない    ＋    研究
└─┘└──┘
```

　「モノを表す形」が「文の形」の内側に入り込むということでは内の関係の仲間と言えますが、結びつきのしくみは、外の関係で見た②のりしろ型です。

　(24)は、文の形「選んだパートナーが大臣になった」の中にさらに「文の形」＋「モノを表す形」があります。

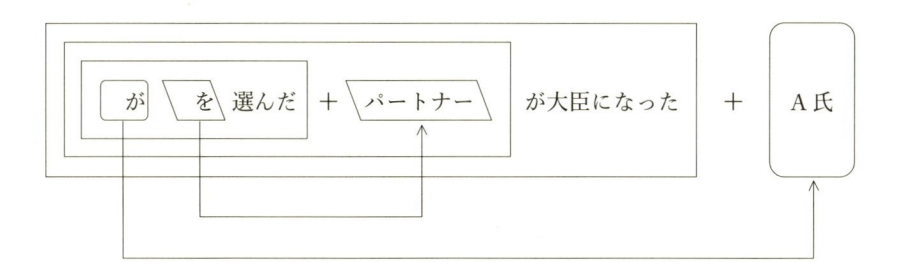

```
┌が┐┌を┐選んだ  ＋  ／パートナー／が大臣になった  ＋  A氏
```

　ここで用いられているのは2つの役割パズル型です。

第7章 それにしてもなんだね

7.1 先取り発話

　突然、相手が「それにしてもなんだね」と発し、それだけ言って立ち去ってしまったら？　残された人は「一体何が言いたかったんだろう」ととても気になるのではないでしょうか。突然、相手が「それにしてもなんだね」と言ったなら、恐らく多くの人は、「なんだね」とは何だろうかと予測しながら、後続の発話を待つのではないかと思います。それは、この「なんだね」が次のような発話で用いられることを知っているからです。

（1）　それにしても<u>なんだね</u>、このごろの夏の気温の上がり方っていったら、恐ろしいね。

　「なんだね」自体には具体的・実質的な意味は無く、その意味はこの「なんだね」の後続部分で明らかにされます。とりあえず後続の発話を先取りして「未定のXだ」と言っておいて、後からその「X」に該当するものを明らかにする、手付けのような発話です。次の例の下線部のようなものも同じ仲間と言えます。

（2） 私ははじめからこの案にはあれでした、あのー、疑義を抱いておりました。

このような文脈における「なんだね」や「あれでした」は、具体的・実質的な意味が無くても、会話の相互行為の中で一定の役割を果たしています。自分には言いたいことがあるが、現時点で思い出せない言い回しや、うまく言えない部分があるので、その部分については後続の発話で具体的にするという合図を、聞き手に送っているのです。

こうした、後続の発話を予測させる機能は、時間の流れに沿って線的に発話し、あるいは理解していかなければならない言語のありかたからするととても重要な機能です。また、後続の発話と重複して情報を伝え、バックアップにも何らかの貢献をしていると考えられます。

7.2　ことがらの成否・蓋然性の判断を予測させる表現

【問題1】　次の例文（1）〜（5）はいずれも中断されています。後続するのはどのような発話でしょうか。
（1）　ひょっとするとこのビルにも手抜き工事が—
（2）　まさか震度6クラスの地震がこの地方に—
（3）　恐らく犯人は駅の東口から逃走—
（4）　何事もなければ、あの模倣はほぼ100％誰にも—
（5）　今春のような害虫発生は二度と—

「ひょっとすると・もしかしたら・まさか・恐らく・多分・きっと」などは、後続発話で述べられる事態の成立に関して、発話者がどのように思っているかを表し、後続の「かもしれない・にちがいない・はずだ・だろう・まい」などで表される判断に関する意味を予測させます。

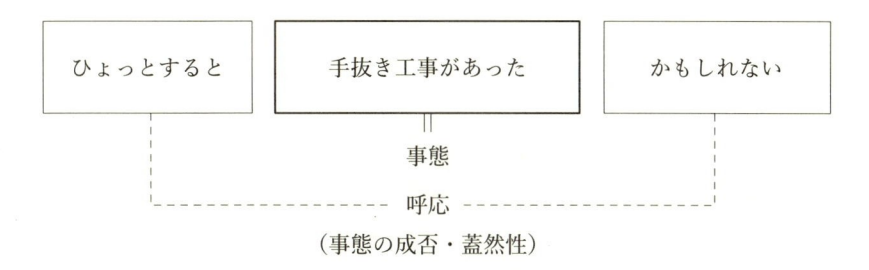

```
┌──────────┐  ┌──────────────┐  ┌──────────┐
│ひょっとすると│  │手抜き工事があった│  │かもしれない│
└──────────┘  └──────────────┘  └──────────┘
                      ‖
                     事態
     ┆ ─────────── 呼応 ─────────── ┆
            （事態の成否・蓋然性）
```

7.3　ことがらについての評価を予測させる表現

　同じ事態であっても、その事態がどのような意味を持つのかは状況により異なります。次の（6）の表現は、後続で述べられる事態を発話者がどう受け止めているかを表すものです。

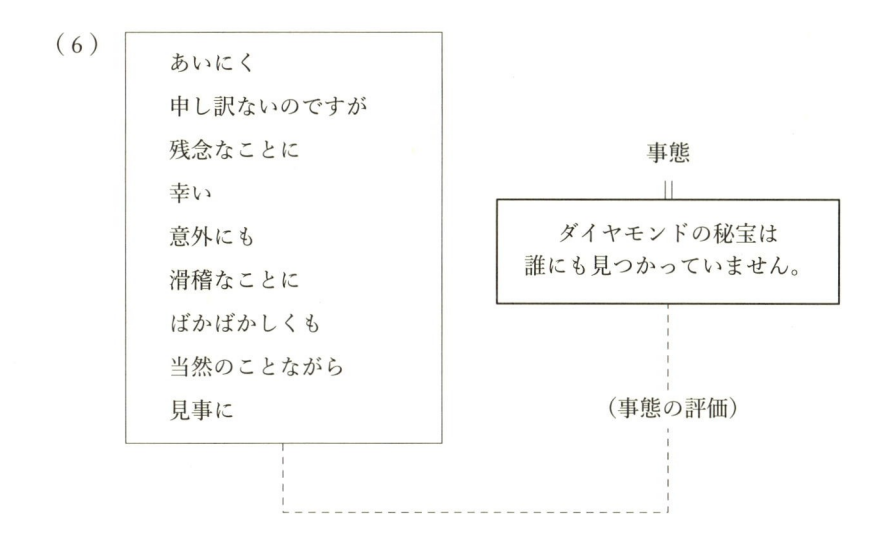

（6）
```
┌─────────────┐
│あいにく        │
│申し訳ないのですが│             事態
│残念なことに     │              ‖
│幸い           │      ┌──────────────┐
│意外にも        │      │ダイヤモンドの秘宝は│
│滑稽なことに     │      │誰にも見つかっていません。│
│ばかばかしくも    │      └──────────────┘
│当然のことながら  │
│見事に         │            （事態の評価）
└─────────────┘
        ┆ ───────────────── ┆
```

　（6）の表現を冠し、冒頭にいきなり事態を述べないというやり方は、発話者の事態の受け止め方を予告的に知らせるということになりますが、実はそ

れは、後続の話が聞き手にとってよいことなのか悪いことなのか、直接的な叙述の前に予測させるということにもなります。聞き手にとってよいことかどうかが、発話者の事態評価となる場合があるからです。

7.4　相手の発話内容に対する発話者の考えを予測させる表現

【問題2】　相手の言っていることは理解できました。しかし、その提案を直ちに受け入れることはできない、という考えを示すとき、どのような発話がなされるでしょうか。例えば次の(7)の後、(8)の発話の前に、「私」が用いる可能性のある表現を考えてください。

(7)　相手
「学校の新学期はわかりやすく1月からにすべきだよ。」

↓

↓

(8)　私
「寒い季節から始まるなんて私はいやだな。」

例えば「えーっ」と驚いた言い方をしたり、「うーん」と考えていることを示して言いよどんだり、「なるほどね、でも」と接続の表現を使ったり。こうした感情を表す「えーっ、おーっ、あ」なども、様々なイントネーションでそれ固有の意味を表しますし、「えー、えーっと、あのー、うーん」といった言いよどみも形式ごとに異なる機能を果たし、無駄な表現ではありません。また、「でも、だけど、だとしても、それに、おまけに」といった接

続の表現は、先行発話の内容と後続発話をどうつなげるかということを示す役割を担っています。

この章のタイトルの「それにしてもなんだね」の「それにしても」は、接続の表現の仲間と言えます。「それ」が先行発話の内容を指示し、「〜ても」が後続発話とのつながりかたを示していると考えられるからです。

（9）　確かに夏はいつだって暑いもんだ。それにしても、今年は妙に暑いんじゃないか？

（9）は、先行発話で述べられる内容〈夏はいつだって暑いものであること〉を一応受容し、しかしそれを差し引いてもなお、後続発話の内容〈今年は妙に暑いということ〉が受容できない程度に達しているということを表しています。

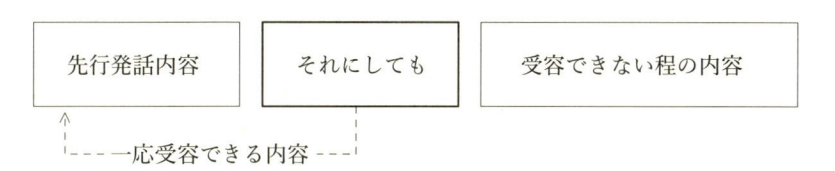

先行発話内容	それにしても	受容できない程の内容

　　↑- - - -一応受容できる内容- - - -↑

「それにしても」が用いられることにより、先行発話に一応受容できる内容であるという意味が与えられ、後続発話で受容できない程の内容が述べられることが予告されています。

では、この「それにしてもなんだね」という表現が、（1）のように、先行発話の無い冒頭、あるいは話題を転換したい場合に用いられるのはなぜでしょうか。この「それにしても」は何を指して「それ」と言っているのでしょうか。

（１）　<u>それにしても</u>なんだね、このごろの夏の気温の上がり方っていったら、恐ろしいね。

　似たものに接続の表現「しかし」を用いた次の(10)のようなものもあります。この(10)が、発話の冒頭や話題を転換したい場合に用いられるのはなぜでしょうか。「しかし」は反対関係にある二者を結ぶものですが、(10)は何に対して「しかし」なのでしょうか。(10)と(11)の違いはどのようなものなのでしょうか。

（10）　〈先に来た友人達とゲームをしながら、約束時間を過ぎても来ない友人を待っていて〉<u>しかし</u>、遅いね。
（11）　遅いね。

　発話の冒頭や話題転換時に用いられる「それにしても」や「しかし」には、接続すべき先行発話内容がありません。しかし、このような状況でも「それにしても」「しかし」が持つ、基本的な接続の意味は生きていると考えられます。なぜなら、「それにしても」「しかし」を用いた場合には、それを用いない場合と比べて、〈どう考えても〉とか〈いろいろなことは措いても〉といった意味合いが付加されると思われるからです。
　つまり、「それにしても」「しかし」は、後続発話の内容と結びつけられるような〈何か〉が、何も言語化されていない先行の状況に、あたかもあるかのように解釈させるということです。
　「それにしても」であれば、〈一応受容できるような何か〉が創造的に解釈されます。

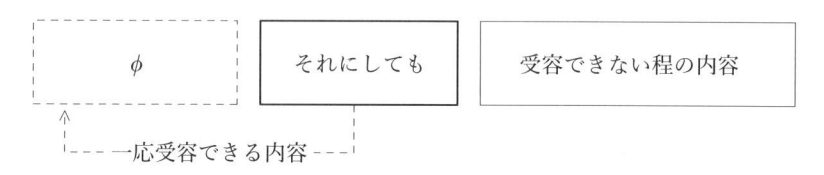

| ϕ | それにしても | 受容できない程の内容 |

　　　　↑
　└---- 一応受容できる内容 ----┘

冒頭に用いられる「それにしても暑いね」は、「それにしても」が用いられることによって、既にこの発話に先行して〈暑いとは言えないような要素がいろいろある〉ということが吟味されたかのように創造的に解釈され、そのような〈暑くない〉要素を差し引いてもなお、後続発話内容〈暑い〉と言わざるを得ないこと、度を超して受容できないほどのものであることを表現していると考えられます。

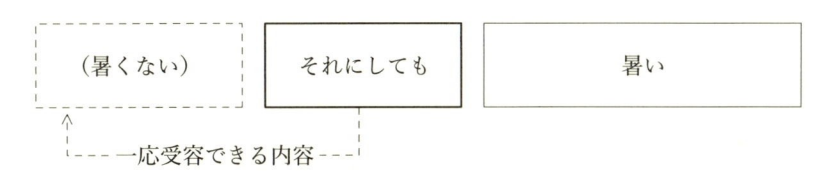

| （暑くない） | それにしても | 暑い |

　　　　　↑
　　一応受容できる内容

「しかし」も、「しかし」が用いられることによって、後続の内容Bと反対の内容Aが、創造的に創り出されます。

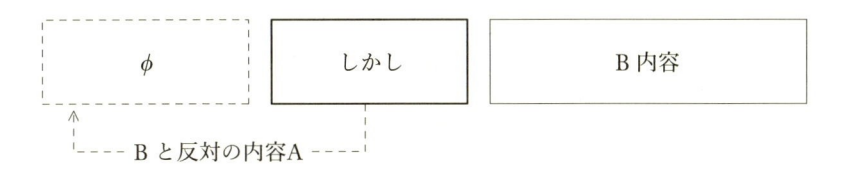

| φ | しかし | B内容 |

　　　　　↑
　　Bと反対の内容A

冒頭に用いられる(10)の場合、後続発話内容〈遅い〉と言わざるを得ないような判断とは反対の判断が、先行状況で共有されているかのように創造的に解釈されます。

```
┌ ─ ─ ─ ─ ─ ─ ─ ─ ─ ─ ─ ─ ─ ─ ─ ─ ─ ─ ─ ─ ─ ─ ─ ─ ┐
  Aの中身として創り出される内容
    ・少しぐらい遅いのはやむを得ないことだ
    ・何かの理由で遅れることはよくあることだ
    ・遅れても待っていればよいことで問題ない
└ ─ ─ ─ ─ ─ ─ ─ ─ ─ ─ ─ ─ ─ ─ ─ ─ ─ ─ ─ ─ ─ ─ ─ ─ ┘
```

| しかし |

```
┌─────────────────────────────────────────────┐
│ B内容                                        │
│   ・どう考えても、度を過ぎて遅いと言わざるを得ない    │
└─────────────────────────────────────────────┘
```

7.5　話題転換時に用いられる「ていうか」

　近年、若年層を中心に、「ていうか」を発話の冒頭や話題転換時に用いる例が拡がっています。次の例は沖裕子氏の著作『日本語談話論』(2006)の中に挙げられているものです。

(12)　ア：明日のレポートまだ書いてないよ。どうしよう。
　　　イ：私も。はやくやらなきゃね。
　　　ア：そうだね。ていうか、今日寒いよね。
　　　イ：うん、本当、寒いね。

　この「ていうか」もまた、本来は先行発話を承けて後続発話につなげるものが、その先行発話を持たない用法へと拡張したものと言えます。

(13)　新鮮っていうか刺激的っていうか、いい映画だよ。
(14)　a：あの映画新鮮だよね。
　　　b：ていうか刺激的だよね。

(13)(14)のいずれも、「ていうか」には先行発話があり、それが問題となっている事柄の表現として1つの候補であることが示されます。(13)のように候補の選択が保留される場合もありますが、(14)のように、その候補よりも後続で示される候補の方を選択・採用することが示されることもあります。

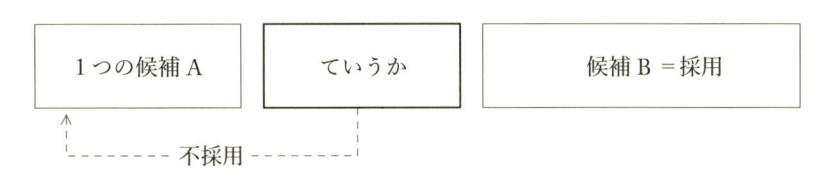

| 1つの候補A | ていうか | 候補B＝採用 |

　　　↑------不採用------|

発話の冒頭や話題転換時に「ていうか」が用いられるようになったのは、先行発話が無くても、「ていうか」を用いることによって、後続のBを採用(言及)するために相手と共有している先行文脈を参照したということを表せるためだと思われます。

| φ | ていうか | 候補B＝採用 |

　　　↑------不採用------|

(12)の場合は、「ていうか」の後、〈天候の話題〉に転換することが、先行文脈の〈レポートの話題〉と比べ、「それよりかは」、採用されたものであるという表明となることから拡張されて用いられるようになったと考えられます。(12)そのものにはもはや明確な比較・選択の意味合いはないにしても、拡張の道筋は存在します。

対話の中で冒頭や話題転換時に用いられる「それにしても」「しかし」「ていうか」には、相手と共有する先行文脈を完全には断ち切らないための工夫があるように思えます。

第 8 章　日本を休もう

8.1　規範からの意図的な逸脱

　不特定多数に向けて発信される広告の文は、まずその文を読んだり聞いたりしてもらわなければ始まらないので、受容者を惹きつける工夫のあるものがたくさんあります。文法規範からのずれも、その工夫の1つです。例えば 1990 年に JR 東海が展開した「日本を休もう」というキャッチフレーズも、文法規範からのずれがあります。通常、「休む」が結びつく「～を」は以下のようなもので、〈継続して営むことが期待されている何らかのもの〉の意味を表すものです。

（1）　仕事を・学校を・授業を・研究活動を・日課を…休む

　「日本を」は第一感、継続して営むことが期待されているものとは捉えられないものです。その「日本を」と「休む」との結びつきに、受容者は一瞬違和感を覚えるでしょう。しかし、広告という文脈の中で示される、この非慣習的な結びつきが、自由な解釈の可能性を開いていると言えます。

【問題1】 （2）はどのような意味を表していると思いますか。
（2） 日本を休もう

　広告や詩に用いられる創造的な文は、受容者による自由な解釈を許すのが身上であり、ある固定的な正解の意味があるわけではありません。解釈の可能性を自由に考えてみましょう。

a　忙しい日本での仕事や生活を休もう
b　日本のあらゆる機能を停止して、国民は休養しよう
c　日本的な忙しい働き方や生き方を少しゆるめよう
d　日本にいることをちょっとやめて、海外で遊ぼう
e　日本の各地を遊び歩こう
f　日本の自然や文化を休暇で楽しもう

　他にもいろいろと考えられるでしょう。しかし、文法規範から逸脱している文なのに、どうしてこのような意味を得ることができるのでしょうか。

　解釈のa～fは、いずれも通常の結びつきでない「日本を休もう」の意味を、通常の結びつきの意味を手がかりにして創出していると考えられます。

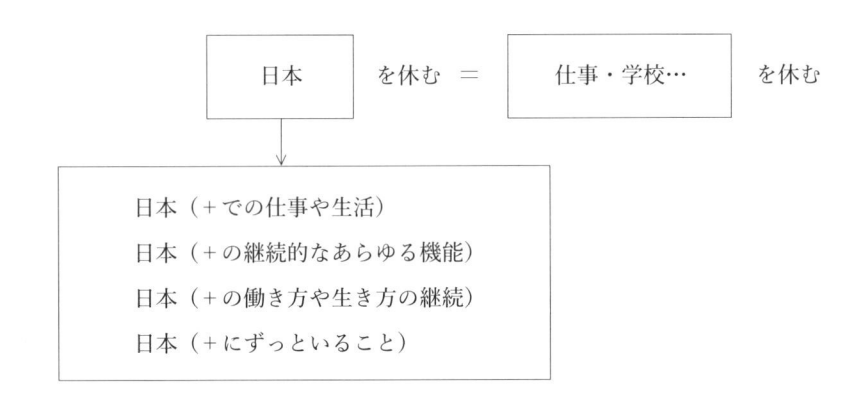

```
┌──────┐                    ┌──────────┐
│  日本  │ を休む  ＝       │ 仕事・学校… │ を休む
└──────┘                    └──────────┘
    │
    ▼
┌─────────────────────────────┐
│  日本（＋での仕事や生活）         │
│  日本（＋の継続的なあらゆる機能）  │
│  日本（＋の働き方や生き方の継続） │
│  日本（＋にずっといること）       │
└─────────────────────────────┘
```

まず、a〜dは、「日本」の意味を、(1)のような、〈継続して営むことが期待されている何か〉という意味に拡大して解釈し直されています。

いわば、「Aを休む」という形式が持つ、〈継続して営むことが期待されている何かを一旦停止する〉といった意味に合わせて、「日本」の意味を創造的に解釈しているのです。

他方、e〜fは、「日本」の意味ではなく「休む」の意味を拡大して解釈し直していると言えます。

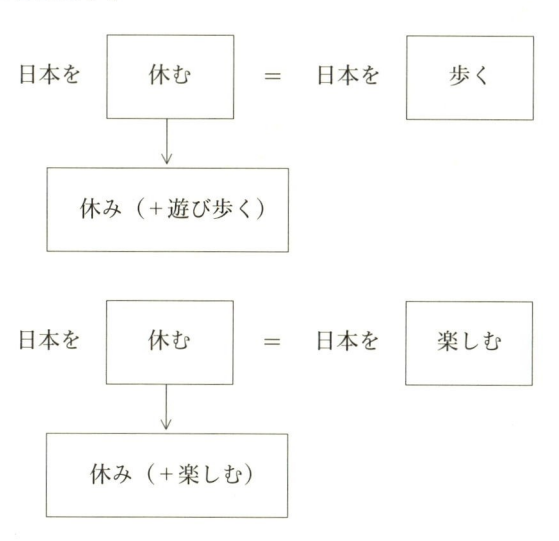

日本を 休む ＝ 日本を 歩く
　　　　↓
　　　休み（＋遊び歩く）

日本を 休む ＝ 日本を 楽しむ
　　　　↓
　　　休み（＋楽しむ）

eは「Aを歩く」、fは「Aを楽しむ」といった形式が持つ意味に合わせて「休む」の意味を単に休むだけではない意味に創造的に解釈していると言えます。

通常の結びつきではない文に出会ったとき、母語話者は、通常の結びつきの鋳型を用意して、それにあてはめて当の単語の意味を柔軟に変更し解釈するということです。

8.2 「AがBをC」型文

このように、規範から逸脱した「〜を〜」文を創造的に解釈できるのは、「〜を〜」形式が持つ慣習的な意味パターンを知っているからです。では、「〜を〜」形式(=「AがBをC」型文)にはどれだけの意味パターンがあるのでしょうか。

まず、上でみた、「休む」「歩く」「楽しむ」の3つのパターンそれぞれに所属するものを集めてみましょう。

I 「仕事・学校・日課」など継続するものを「Bを」とし、その営みをするかどうか(終始)に関わる意味を表すもの
   始める・開始する・休む・中断する・停止する・やめる・終わる・続ける

II 「グランド・山道・日本」などの場所を「Bを」とし、移動を表すもの
   歩く・走る・移動する・渡る・通過する・通る・回る・登る・降りる・飛ぶ・這う・泳ぐ・前進する・行く

III 「映画・敗退・誕生」など、感情の向かう先を「Bを」とし、感情を表すもの
   楽しむ・悲しむ・憎む・愛する・好む・嫌う・喜ぶ・恥じる・嫉妬する・悔しがる・悔いる・くよくよする

他にも「AがBをC」型文の意味パターンが考えられます。

IV 人・ものなどの働きかけの対象を「Bを」とし、それに働きかけて状態変化させる意味を表すもの
   殺す・割る・消す・つぶす・丸める・落とす・付ける・埋める・固める・折る・挟む・焼く・乾かす・崩す

Ⅴ　人・ものなどの働きかけの対象を「Bを」とし、それに接触する働きかけの意味を表すもの
　　叩く・ぶつ・撫でる・触る・掻く・つかむ・拭く・握る・蹴る・押す・突く・さする・殴る・つまびく・はじく

　ここで取りあげた以外にも「～を」と結びつくものは多くありますし、また、異なる視点によってⅠ～Ⅴ類ではない括り方も可能です。そして、こうした意味的な類どうしは、上位・下位の関係、排他的な横並びの関係、あるいは共通部分を持つ関係というように、多様な関係にあります。

```
                    ┌「～を」に変化を起こす
「AがBをC」型文 ─┤                           ┌ 接触
                    └「～を」に変化を起こさない ┤ 感情
                                              │ 移動
                                              │ 終始
                                              └ …
```

8.3　1つの単語が2つの意味類に

　8.2でみたように「AがBをC」型文の意味類はたくさん考えられますが、1つの動詞が、1つの類にだけ所属しているわけではありません。

（3）　圭二は壁にペンキを塗った。
（4）　圭二はペンキで壁を塗った。

　（3）（4）は同じ「塗る」という単語が用いられていますが、「ペンキを塗る」と「壁を塗る」とは異なる意味類です。「ペンキを塗る」の「ペンキ」は、移動することのできるモノであり、「圭二」がその移動物を「壁」に付

着させたことを表しています。これは、以下のような移動物の付着を表す意味類の仲間と考えられます。

Ⅵ　移動物を「Bを」とし、別位置への付着の意味を表すもの
　　・壁にフック**を付ける**
　　・棚に荷物**を置く**
　　・コップに名前シール**を貼る**

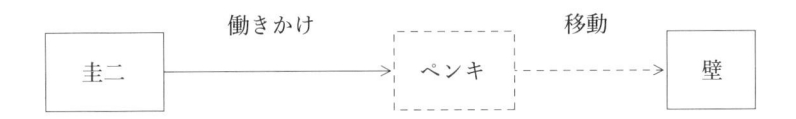

```
                働きかけ              移動
   ┌─────┐              ┌ ─ ─ ─ ┐          ┌─────┐
   │ 圭二 │─────────────▶│ペンキ │─ ─ ─ ─ ─▶│ 壁  │
   └─────┘              └ ─ ─ ─ ┘          └─────┘
```

　これに対し、(3)の「壁」は、移動することのできないモノ、(この場合には)場所であり、「圭二」が道具を用いてこの場所に対して働きかけ、その状態を変化させようとしていることを表しています。これは、以下のような道具による変化誘因を表す意味類の仲間と考えられます。

Ⅶ　非移動物を「Bを」とし、道具により働きかけて変化を引き起こす意味を表すもの
　　・花で部屋**を飾る**
　　・湯でバス**を満たした**
　　・お客で会場**を埋めつくした**

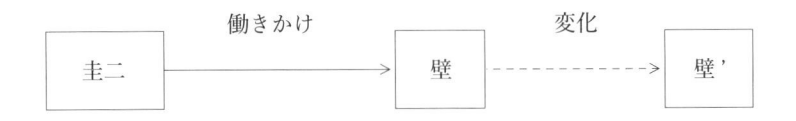

```
                働きかけ              変化
   ┌─────┐              ┌─────┐            ┌─────┐
   │ 圭二 │─────────────▶│ 壁  │─ ─ ─ ─ ─ ▶│ 壁' │
   └─────┘              └─────┘            └─────┘
```

　同じ出来事でも、それをペンキの移動と捉えて表すか、壁の状態変化と捉えて表すかで異なる表現になるということです。実際に発話者がどのように捉え、そこで用いられた「塗る」の意味が、ⅥかⅦ、どちらの類のものであ

第8章　日本を休もう　73

るかは、「〜を」や、さらには「〜に」「〜で」を合わせた文全体の情報から明らかになります。

さらに、1つの単語(動詞)が異なる複数の意味類に所属する例を見てみましょう。

【問題2】　次の(5)からは、異なる2つの意味類が観察できます。どのような意味類かを考えてください。

(5)　吉田刑事は部屋を捜していますよ。

例えば(5)が次のような状況での発話であると考えてみます。

①吉田刑事は一人暮らしを希望し、勤務先の近くにアパートの部屋を借りたいと思っているという状況。
②犯行現場で犯人の手がかりを手分けして捜している状況。

①の状況で発話される(5)は、〈(ある探索範囲において)部屋があるかどうかを捜す〉意味を表します。他方、②の状況で発話される(5)は、〈特定の部屋の中(探索範囲)に目あてのものがあるかどうかを捜す〉意味と解釈されます。前者は探索項目を「〜を」で表し、後者は探索範囲を「〜を」で表しています。〈捜す〉という動きのどの局面に光を当てて「〜を」とするかが異なり、異なる意味類型に属する「AがBをC」文となるものと言えます。

```
                    ┌ 探索範囲 ┐      ┌ 探索項目 ┐
a   │ 吉田刑事 │    │    φ    │      │   部屋   │  --> 捜す
    └─────────┘    └─────────┘      └─────────┘
         └──────── 働きかけ ────────┘
```

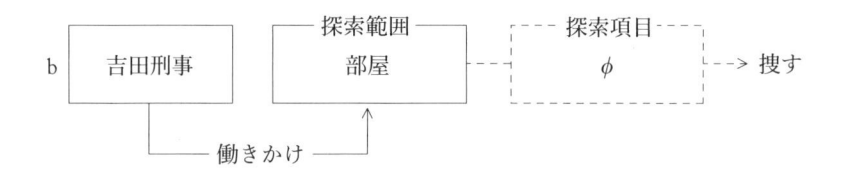

```
       ┌─探索範囲─┐  ┌─探索項目─┐
b  吉田刑事    部屋         φ        --> 捜す
         └─働きかけ─┘   ↑
```

次の(6)の「調べる」や、「点検する・調査する・検査する」なども同じようなパターンを持ちます。

(6) a　各航空会社は、機体の亀裂の有無を<u>調べる</u>という。
　　 b　各航空会社は、全機種を<u>調べる</u>という。

以下の例も、同じ単語が異なる複数の意味類に所属することを示しています。

(7) a　私は背後から襲われ、咄嗟に杖で犯人を<u>突い</u>た。
　　 b　黒石氏は、杖を<u>突い</u>ている。
(8) a　指で犯人を<u>さし</u>た。
　　 b　指を<u>さし</u>て建物の場所を教えた。

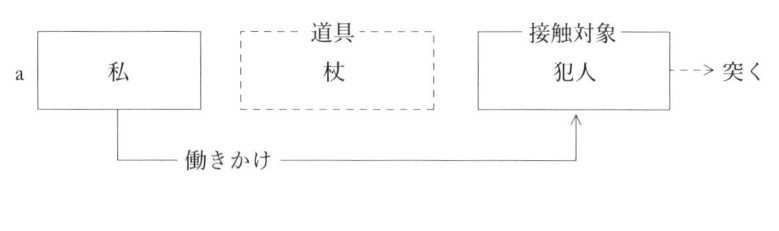

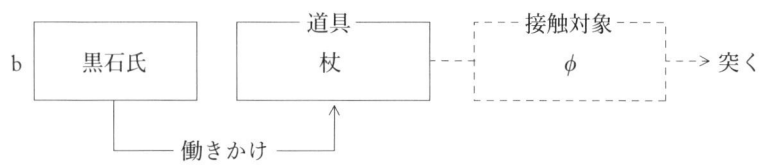

```
         ┌─道具─┐  ┌─接触対象─┐
a    私       杖         犯人        --> 突く
         └─働きかけ─────↑
```

```
         ┌─道具─┐  ┌─接触対象─┐
b   黒石氏    杖           φ         --> 突く
         └─働きかけ─┘   ↑
```

このように1つの単語(動詞)が「AがBをC」型文の複数の意味パターンを実現する可能性をもつ場合があり、そのどの意味で用いられているかが、文脈・状況により解釈される場合がたくさんあります。

　動詞自体の持つ意味は、その動作にまつわる多様な表現の可能性、その動作の捉え方の多様さを表現し得る柔軟性を備えており、「〜を」や「〜に」「〜で」を含めた全体的な構文の型、さらには文脈・状況に関する情報などの相互関係的な規定の中で、当該の動詞の、実際の意味が特定され解釈されるのです。

　全体的な構文の型、あるいは全体的な文脈・状況の中で、動詞の意味が解釈されるというプロセスは、問題1のような、規範を逸脱する文の解釈に際して行われるプロセスと、創造的に補足する意味の多寡は異なるものの、基本的には同じです。

第9章　新作映画を先に借りられちゃった！

　蘭子は連休に新作映画の DVD を借りてゆっくり鑑賞しようと思っていました。ところが、店に行ってみると、蘭子の目当ての DVD が全てレンタル中でした。このような状況での蘭子の発話として、次の（1）〜（3）を考えてみます。

（1）　私の借りたい新作映画が全部先に借りられてる！
（2）　私、あの新作映画を全部先に借りられちゃった！
（3）　私と同じこと考えてる人が、あの新作映画を全部先に借りちゃってる！

【問題1】　上の例文（1）〜（3）について、意味の点・形の点で違うところを挙げてください。

　（1）〜（3）は同じ「借りる」という単語を用いていますが、それぞれ構文類型は異なります。（1）と（2）は「借りる」に「られる」を付けて、「〜が」が出来事の影響を受ける、受身の意味が表されています。このような構文を**受動文**といいます。（3）は、「借りる」に「られる」は付いていません。このような構文は受動文とのセットで**能動文**（基本文）と呼ばれます。

受動文①：　　　　　新作映画が　借りられた　　…例（1）
受動文②：　私が　新作映画を　借りられた　　…例（2）
能動文　：　人々が　新作映画を　借りた　　　　…例（3）

9.1　受動文①——役割パズル型

　受動文①と能動文とを比べてみましょう。
　能動文は、新作映画を借りる人々（動作主）が「～が」で表示され、借りる対象である「新作映画」が「～を」で表されています。
　受動文①は、新作映画を借りる人々（動作主）が言語化していません。もしも動作主を明示するとしたら、例えば「人々によって」という形式をとることになるでしょう。そして借りる対象である「新作映画」が「～が」で表示されています。
　「新作映画」「人々」が参加する同じ事態について、その参加者のどれを「～が」で表すかが、能動文と受動文とでは異なります。両者の関係を図にすると以下のようになります。

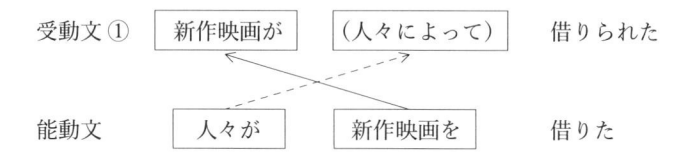

　　受動文①　　新作映画が　　（人々によって）　　借りられた

　　能動文　　　人々が　　　　新作映画を　　　　　借りた

　ところで、受動文①の「新作映画が」は、「借りる」という動詞が求める意味役割の結びついたまとまり、「人々が新作映画を借りる」というまとまりの中のピースと一致し、このまとまりとの関係は、第6章でみた内の関係、役割パズル型に類しています。

受動文①　新作映画が　　　　　　　　　　借りられた

人々が　　　　　　　　　　　　借りた

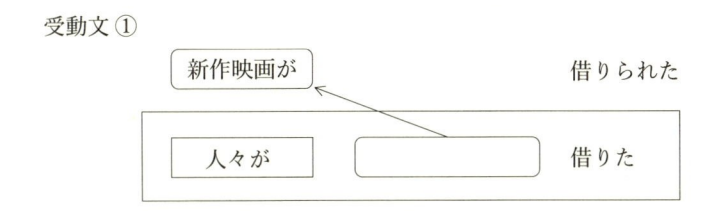

このようなタイプの受動文の例として次のようなものがあります。

（4）　韓国人選手が中国人選手に胴上げされた。
（5）　花火が打ち上げられた。
（6）　舞子が英語教師に褒められた。

9.2　受動文②—のりしろ型

では、受動文②と能動文の関係はどのようなものでしょうか。受動文②は、受動文①と異なり、「新作映画」ではなく「私」が「〜が」で表示されています。受動文と能動文の関係を示すと以下のようになります。

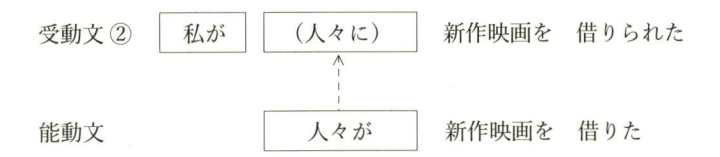

受動文②　私が　（人々に）　新作映画を　借りられた

能動文　　　　　人々が　　　新作映画を　借りた

この「私」は、「借りる」という動詞が求める意味役割の結びついたまとまり、「人々が新作映画を借りる」というまとまりの、中にある要素ではありません。このまとまりの外にある要素です。「私が」とこのまとまりとの関係は、第6章でみた外の関係、のりしろ型に類しています。

```
受動文②    私が              借りられた
              ↑
           私   人々が    新作映画を   借りた
```

この場合ののりしろは、「人々が新作映画を借りた」というまとまり全体に付いているものです。

〜より先に	人々が新作映画を借りた
〜に迷惑なことに	人々が新作映画を借りた

このようなタイプの受動文の例として次のようなものがあります。

（7） A大臣は、役人に本当のことをマスコミに話された。
（8） 貫太郎は、妻にガンで死なれた。
（9） のび太は、しずかちゃんにスネ夫を褒められた。

9.3　受動文②に共通する意味

【問題2】　受動文①②は、「〜が」の受ける影響の意味がプラスの意味の場合・マイナスの意味の場合があるか、中立的な意味の場合があるかを、考えてください。

受動文①の場合
（1） 私の借りたい新作映画が全部先に借りられてる！
（4） 韓国人選手が中国人選手に胴上げされた。
（5） 花火が打ち上げられた。
（6） 舞子が英語教師に褒められた。

受動文②の場合
（２）　私はあの新作映画を全部先に借りられちゃった！
（７）　A大臣は、役人に本当のことをマスコミに話された。
（８）　貫太郎は、妻にガンで死なれた。
（９）　のび太は、しずかちゃんにスネ夫を褒められた。

　受動文①の(1)は、〈発話者が新作映画を借りたい〉と思っていた状況では、〈人々が借りる〉という出来事は発話者にとって迷惑なことですが、〈できれば自分よりも他の人が借りてしまっていた方がよい〉と思っていた状況では、発話者にとってプラスの意味となります。また、プラスでもマイナスでもない、事実として述べる中立的な意味を表す可能性もあります。「〜が」の「新作映画」にとっては〈人々が借りる〉という出来事はプラスの影響でもマイナスの影響でもなく、中立的な出来事です。

　受動文①の(6)は、通常「褒める」という動詞の表す出来事がプラスの影響を与えるものとして捉えられるため、この受動文の影響の意味もまずは「舞子」にとってプラスの意味と考えられますが、状況によっては、マイナスの意味にも解釈可能です。例えば舞子が〈英語教師にだけは褒めてもらいたくない〉と思っていた状況では、「舞子」が迷惑な出来事の影響を受けた意味となります。

　つまり、役割パズル型の受動文①は、影響を受けたことを中立的に表し、可能性としてはプラスの影響の意味もマイナスの影響の意味も表し得るということです。

　これに対し、受動文②はどうでしょうか。受動文②は、すべて「〜が」にとって迷惑な出来事の意味になるのではないでしょうか。

（8）　貫太郎は、妻にガンで死なれた。
（10）　貫太郎は、妻に生還された。

　(10)のように、通常プラスと考えられるような出来事〈妻が生還する〉でも、受動文②で表されると、「～が」である「貫太郎」が出来事から迷惑な影響を受けた意味となります。

　また、受動文①の場合には「褒める」を用いた出来事がプラスの意味にもマイナスの意味にもなりましたが（＝(6)）、受動文②の場合には、「のび太」にとって迷惑であるという意味にしかなりません（＝(9)）。

（6）　舞子が英語教師に褒められた。
（9）　のび太は、しずかちゃんにスネ夫を褒められた。

　つまり、受動文②に共通する意味は、「迷惑」、あるいはさらに「はた迷惑」と言った方がふさわしい、直接的には関わらない出来事から受ける心理的にマイナスな影響の意味です。のりしろ型の受動文②は、「～が」と出来事とが、〈はた迷惑〉の意味で結びついていると言えます。

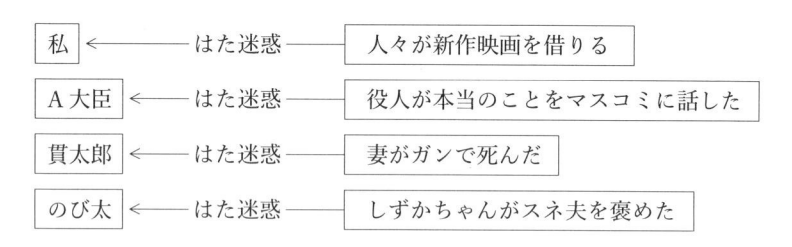

私	←はた迷惑—	人々が新作映画を借りる
A大臣	←はた迷惑—	役人が本当のことをマスコミに話した
貫太郎	←はた迷惑—	妻がガンで死んだ
のび太	←はた迷惑—	しずかちゃんがスネ夫を褒めた

　もしも、のりしろ型でその出来事から「～が」がプラス評価するような影響を受けることを表すのであれば、次の(11)～(14)のように、「～てもらう」が用いられるでしょう。

(11) 私はあの新作映画を全部先に借りてもらっちゃった！
(12) A大臣は、役人に本当のことをマスコミに話してもらった。
(13) 貫太郎は、妻にガンで死んでもらった／生還してもらった。
(14) のび太は、しずかちゃんにスネ夫を褒めてもらった。

　このような観察により、受動文①を**中立(まともの)受身**、受動文②を**迷惑(はた迷惑の)受身**と呼ぶことがあります。

9.4　なぜ迷惑の意味が付随するのか

　では、なぜ受動文②には〈はた迷惑〉の意味が付随するのでしょうか。
　「〜が…(ら)れる」という形の受動文は、①であれ②であれ、〈「〜が」がある出来事から何らかの影響を受ける〉という意味を共通に表します。「〜が」は影響の受け手として、「…(ら)れる」文の構成に組み込まれています。
　この「〜が…(ら)れる」形式が共通に持つ意味を実現するために、はた迷惑の意味が補充されていると考えられます。
　役割パズル型の受動文①は、「〜が」が、出来事を構成するピースであり、その出来事から影響を受ける意味が明らかです。

受動文①

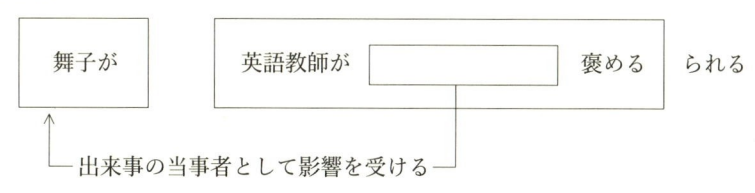

| 舞子が | 英語教師が　　　　　　　褒める | られる |

　└──出来事の当事者として影響を受ける──┘

　しかし、のりしろ型の受動文②は、「〜が」が、出来事を構成するピースではなく、その出来事とどのような関わりがあるのかは不明です。

受動文②

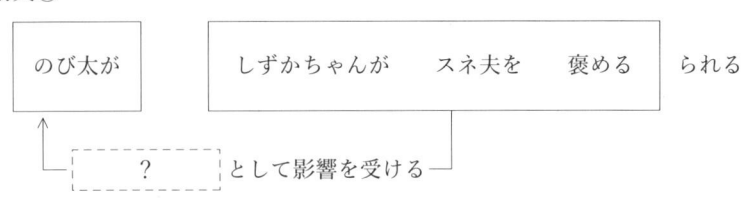

```
        ┌─────────┐  ┌──────────────────────────────────┐
        │のび太が  │  │しずかちゃんが  スネ夫を  褖める │られる
        └─────────┘  └──────────────────────────────────┘
            ↑              │
            └──┌ ─ ─ ─ ─┐──┘
               │   ?   │として影響を受ける
               └ ─ ─ ─ ─┘
```

　のりしろ型の受動文②は、その出来事とどのような関わりがあるのかは不明で、関わりがあるようには見えないけれども、「～が…(ら)れる」形式の文であることにより、〈「～が」がある出来事から何らかの影響を受ける〉という意味は、言わばトップダウン式に構文の型の意味として確定しています。その確定している意味に合うように、この何らかの影響の意味を〈はた迷惑〉の意味で埋めているのです。

　〈「～が」がある出来事から何らかの影響を受ける〉という意味を埋めるのに、中立的な意味をもってするという方法は閉ざされています。中立的な意味とは、「～が」がその出来事の参加者であることを示す意味に他ならず、受動文②の「～が」は出来事の参加者ではないからです。

　しかし、〈「～が」がある出来事から何らかの影響を受ける〉という意味なら、別に〈はた迷惑〉というマイナス評価の意味で埋めなくてもよいはずです。例えば〈思いがけない恩恵入手〉であってもよいはずなのです。では、なぜ、受動文②に補われる意味は、〈はた迷惑〉なのでしょうか。

　柴谷方良氏は論文「『迷惑受身』の意味論」(1997)の中で、受動文②のタイプに補われる意味が〈はた迷惑〉の意味であるのは、受動文の「～が」がその出来事の生起を意図しない者だからだとしています。例えば「和子が子供に泣かれた」という受動文は、「和子」が意図していないのに〈子供が泣く〉という出来事が起こり、その影響を受けたことを表しています。受動文は、意図しないのにある出来事が自分にふりかかったことを表しているので

す。

　柴谷氏は、例えば放置した野菜は腐るなどといった経験から、こうした意図の介入のない出来事というものは好ましくない結果につながるものだという世界観を、私たちは得ているとしています。そして、こうした世界観が言語的に現れ、意図しない出来事を表す受動文②に補充される意味も、悪い評価の〈はた迷惑〉の意味となるのだとしているのです。
　しかし、柴谷氏も述べていることですが、意図しない出来事を表す文で意味の補充を必要とする場合に、その補充される意味がすべて悪い意味になるわけではありません。先に見た「…てもらう」文の場合には、〈思いがけない恩恵入手〉の意味になります。

(11)　私はあの新作映画を全部先に借りてもらっちゃった！
…てもらう文

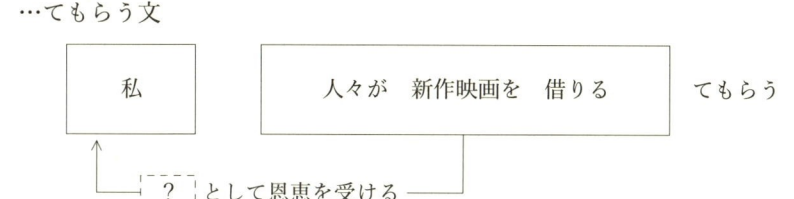

| 私 | 人々が　新作映画を　借りる | てもらう |

　└──── ? として恩恵を受ける ────┘

　「…てもらう」文の場合には、意図せぬ出来事の第三者へのふりかかりが、単に影響のふりかかりだけでなく恩恵のふりかかりであることまで、確定しています(そもそも「…てもらう」文は、①も②もすべて恩恵の意味があります)。「…(ら)れる」文の②の場合、この「…てもらう」文と機能を分担する形で、その補充する意味をマイナス評価の〈はた迷惑〉の意味に偏向しています。

第10章　ジョーカーが来た？

　鉄也・孝夫・純子・雄一・和子の5人でトランプのババ抜きをしています。純子からカードを引いた雄一が驚いた顔をしました。そこで、鉄也が雄一に向かって次のように言いました。

（1）　ジョーカーが来た？
（2）　ジョーカーが行った？

【問題1】　上の(1)と(2)は、ジョーカーが純子から雄一へ移動したかどうかを、それぞれどのように尋ねたものでしょうか。(1)と(2)はどのように意味が異なるでしょうか。

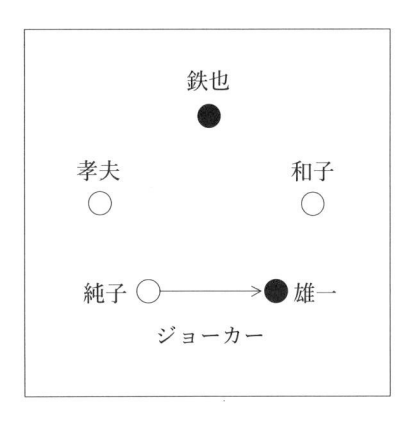

10.1 「行く」と「来る」

　「行く」と「来る」は、どちらも起点から着点へ向かって移動することを表しますが、発話者が起点と着点のどちらにいるかで使用が選択されます。

その違いを観察してみましょう。(以下、東京を中心とした地域の言語使用を考察していきます。「行く・来る」や次節の「くれる・やる(あげる)」の規則は地域により異なります。自分の使用規則を考えてみて下さい。)

まず、発話者自身の移動を表す場合を考えてみましょう。「行く」は発話者が今いる起点から他の着点に向かって移動する場合を表しますが、「来る」は今発話者のいる着点に向かって他の起点から移動することを表します。

(3)
行く　　起点：発話者　●──→　着点
来る　　　　　　起点　●──→　着点：発話者

例えば、次の(4)は、(5)で図示したような状況なので、「行く」を用いた(4)bは自然ですが「来る」を用いた(4)aは不自然です。

(4)a　*昨日、私は畠山さんのところに来ました。
　　b　昨日、私は畠山さんのところに行きました。
(5)
　　×来る　　起点：発話者「私」　●──→　着点：「畠山さん」
　　○行く

逆に、次の(6)は、(7)で図示したような状況なので、「来る」を用いた(6)aは自然ですが「行く」を用いた(6)bは不自然です。

(6)a　私は東京からもう一度ここシドニーに来ますよ。
　　b　*私は東京からもう一度ここシドニーに行きますよ。

（7）
　　○来る　　起点：「東京」　●———→　着点：発話者「私」
　　×行く

　また、発話者自身は移動しないけれども、「行く」は自分のいる地点からある移動物が遠ざかる場合に用いられ、「来る」は発話者が着点にいて、移動物が自分に近づく場合に用いられます。「行く」は自分から遠ざかる**遠心的な方向性**、「来る」は自分に近づく**求心的な方向性**の意味を持つ語です。

（8）a　＊池田さんが私のところから他社に来ました。
　　 b　　池田さんが私のところから他社に行きました。
（9）a　　加藤さんが私のところに来ました。
　　 b　＊加藤さんが私のところに行きました。

　上の（4）（6）（8）（9）は、発話者自身が移動したり、発話者自身が起点・着点になる場合でしたが、問題1の（1）（2）の場合は、発話者が移動するわけではないし、また、発話者が物理的に起点「純子」とも着点「雄一」とも異なる第三の場所にいる場合です。それなのに、「行く」または「来る」が用いられていますが、このような場合にはどのような意味が表されるのでしょうか。（1）（2）にも（3）で図示したような意味の違いが見いだせるのでしょうか。

　まず、（1）「来る」を用いる場合を考えてみましょう。（1）の発話は「雄一」に向かってなされたものです。（1）は、その発話の相手である着点「雄一」の立場に立って移動を捉えていることが表され、「雄一」の思っていることを代弁しているような意味が感じられます。この状況を、発話者の「**視点**」という概念を用いて、発話者の視点が着点の「雄一」にあると説明することができます。発話者の視点が雄一に置かれ、（3）の「来る」の意味は生

きているのです。

　　　来る　　起点：純子　●─────→　着点：雄一＝発話者の視点

　では(2)のように「行く」を用いた場合はどうでしょうか。やはり(3)の「行く」の意味は生きているのでしょうか。
　まず、(2)が「純子」に向かって用いられたものならば、移動の起点「純子」に発話者の視点があり、「純子」の立場に立ってジョーカーが遠ざかったかどうかを質問しているということになります。この場合は(3)の「行く」の意味が生きていることになります。

　　　行く　　起点：純子＝発話者の視点　●─────→　着点：雄一

　しかし、(2)は「雄一」に向かって述べられています。この場合はどのような意味が表されているのでしょうか。1つの解釈は、実際のジョーカーの動きは、「純子」を起点とし、「雄一」を着点とするものだけれども、それを心理的に発話者「鉄也」自身のところから「ジョーカー」が遠ざかる動きであると捉え、表現している可能性です。

　　　行く　　起点：発話者(鉄也)　●─────→　着点：雄一

　この場合には、「行く」の〈自分から遠ざかる〉という意味が生きていることになります。

　(2)が「雄一」に向かって述べられている場合、もう一つの解釈ができそうです。それは、〈自分から遠ざかる〉という、「自分」と関連づけられた方向性の意味合いが無いものであり、〈地点Aから地点Bへと移動する〉という単なる移動の意味を表すという可能性です。「移動する・動く・移る・渡

第10章　ジョーカーが来た？　91

る…」などの、普通の(つまり「自分」と関連づけられた方向性の意味合いの無い)移動を表す動詞と同じであるという可能性です。

　　　　　　　　　　発話者＝第三の地点
　　　行く　　　　起点：純子　●──────→　着点：雄一

「行く」には、「来る」とは異なり、発話者と関連づけられた方向性の意味合いの無い用法があるのでしょうか。

　例えば次のような場合「行く」は使えるでしょうか。すなわち、「雄一」から「和子」にジョーカーが移動したかもしれない状況で、「鉄也」が「和子」に向かって「ジョーカー行った？」と言うことができるでしょうか。もしも言えるとするなら、その場合の「行く」は〈自分から遠ざかる〉という意味で用いられているとは考えにくく、単に「移動する」と言い換えられるような、〈地点Aから地点Bへと移動する〉意味を表すだけの用法で用いられていると考えられます。(3)でまとめた意味の他に、「行く」には次の②の意味が付け足されることになります。

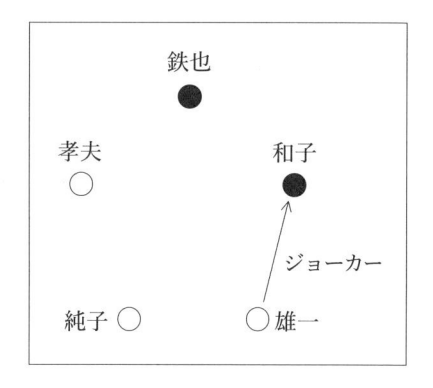

　　　来る…　①他起点から発話者着点への発話者の移動・発話者への他者
　　　　　　　　の移動(＝近づく)
　　　行く…　①発話者起点から他着点への発話者の移動・発話者からの他
　　　　　　　　者の移動(＝遠ざかる)
　　　　　　　②発話者と方向的関わりのない、他者の移動

次の(10)は、発話者が着点「松本市の支店」にいるか、あるいは発話者の視点が「松本市の支店」にあると解釈されます。他方(11)は、①発話者が起点「長野市」にいるか、あるいは発話者の視点が「長野市」にあると解釈される場合もありますが、その他に、②発話者が「長野市」とも「松本市」とも関与しない、第三の地点にいる解釈も可能です。

(10) 長野市に滞在中の社長が、今朝松本市の支店に来たはずだよ。
(11) 長野市に滞在中の社長が、今朝松本市の支店に行ったはずだよ。

10.2 「くれる」「やる(あげる)」

「くれる」「やる」は、モノの授与を表します。同じ1つの授与の出来事でも、「くれる」を用いるか「やる」を用いるかで、異なる意味になります。

【問題2】「尚美」から「健一」にプレゼントを贈るという状況で、次の(12)(13)はそれぞれどのような意味を表しますか。
(12) 尚美が健一にプレゼントをくれますよ。
(13) 尚美が健一にプレゼントをあげますよ。

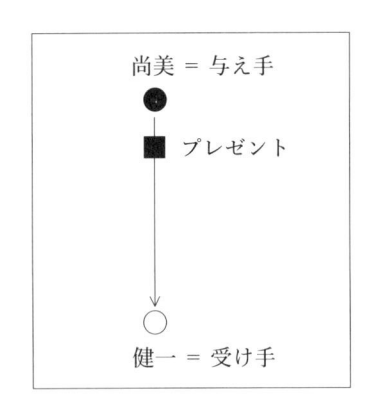

「くれる」と「やる(あげる)」は、どちらも「〜が」で表される与え手から「〜に」で表される受け手へと、ものが授与されることを表します。

ただし、「くれる」は、受け手が発話者である場合に用いられます。「やる(あげる)」は、受け手が発話者である場合には用いられません。

(14)　　　　　　　～が　　　　　　　　～に
　　くれる　　与え手：非発話者　●──→　受け手：発話者
　　やる　　　与え手：発話者　　●──→　受け手：非発話者

　次の(15)(16)が示すように、受け手が「私」の場合に「くれる」の文が成り立ち、与え手が「私」の場合に「あげる」が成り立ちます。

(15)a　田中先生が私に展覧会のチケットをくれた。
　　b　*私が田中先生に展覧会のチケットをくれた。
(16)a　*田中先生が私に展覧会のチケットをあげた。
　　b　私が田中先生に展覧会のチケットをあげた。

　さて、問題2の(12)(13)は、与え手・受け手がともに発話者以外の人物の場合です。この場合、「くれる」「やる(あげる)」はなぜ用いられるのでしょうか。それぞれどのような意味を表すのでしょうか。
　まず、(12)の意味を考えてみましょう。

(12)　尚美が健一にプレゼントをくれますよ。

　この文では、発話者が「健一」の立場に立ち、尚美から健一への授与が、あたかも自分への贈り物ででもあるかのような意味合いが表されています。例えば、「健一」が発話者の息子であるような状況が思い浮かびます。この場合発話者の視点が「健一」にあると言えます。
　他方、(13)の意味はどうでしょうか。

(13)　尚美が健一にプレゼントをあげますよ。

　1つは、発話者が「尚美」の立場に立ち、尚美から健一への授与が、あた

かも自分からの贈り物ででもあるかのように表現しているという解釈です。この場合には発話者の視点が「尚美」にあると言えます。

　もう1つは、発話者が「尚美」でも「健一」でもない、第三の立場にいて、尚美から健一への授与を自分とは切り離して表現しているという解釈です。

(17)　A社幹部が役人に現金をやった。

　(17)では発話者が「A社幹部」と「役人」の特にどちらかの立場に立って発話しているという意味合いは感じられないでしょう。つまり、「やる(あげる)」には、①与え手が発話者である(または与え手に発話者の視点がある)場合の他に、「与える・配る・渡す・贈る…」などが表し得るのと同じような、②与え手も受け手も非発話者で、発話者と関わりのない授与であるという意味があるということです。先の(14)の図に次の②の意味が付け足されるということです。

(17)
　　　くれる…　　　　①他者から発話者への授与

　　　やる(あげる)…　｛①発話者から他者への授与
　　　　　　　　　　　 ②発話者と関わりのない、授与

　発話者への授与は発話者へモノが近づく方向的意味があり、発話者からの授与は発話者からモノが遠ざかる方向的意味があります。方向的意味という点で移動を表す「来る」・「行く」と、授与を表す「くれる」・「やる」を整理すると以下のようになります。

	求心的	遠心的	方向的意味無し
移動	来る	行く	行く
授与	くれる	やる	やる

通常、発話者と非発話者が同じ文の中に登場する場合、発話者の方をガ格にして、発話者を中心とした表現をする方が自然です。

　しかし、「来る」「くれる」は、非ガ格が発話者となる、変わり者です。この変わり者は、他の動詞が発話者と関わりのない意味も表せるのに対して、どのような場合も、非ガ格で表される発話者に対して〈近づく〉方向性のある意味を表します。発話者と関わりが無いように見える人物への移動・授与であっても、その人物に発話者の視点があるという解釈が強制的に与えられる、特別の役割を担ったものなのです。

第 11 章　銅メダルとか
　　　　　とっちゃって！

11.1　「とか」の基本的な用法──①一部例示

> 「鈴木さんと話をしてました」ということを、「鈴木さんと話とかしてました」と言いますか？

　これは、2000 年に文化庁国語課が行った調査の項目の 1 つです。調査の結果、20 〜 29 歳(108 人)では 24.1%、50 〜 59 歳(193 人)では 7.8%の人が言うことが「ある」と答えたということです。文化庁国語課の報告書ではこの表現を「ぼかす言い方・自信のない言い方」としており、一般にこうした「とか」の使用が若者世代に多用されていると考えられています。しかし、若者世代が多用する「とか」は本当に「ぼかす言い方・自信のない言い方」と言ってよいのでしょうか。

　「とか」自体は新しい語ではありません。以下のような用法は世代を問わず使われてきたものです。

（1） 赤飯は、赤子の誕生とか、入学祝いとか、結婚式とか、工事の完成とかのように、めでたいときに炊きます。
（2） たまには町へ出るとか、郊外を散歩するとか、せめて庭の木でも世話をするとかしないと、身体に毒ですよ。

　寺村秀夫氏は『日本語のシンタクスと意味Ⅲ』(1991)の中で、(1)(2)のような例を挙げ、「とか」は「ある集合についてなにかを言おうとして、そのメンバーのいくつかを例としてあげるときに使われる」(P.211)と述べ、**「一部例示」**と名付けています。

　（1）であれば、「めでたいとき」という集合に属するメンバーの部分的な例として、「赤子の誕生」「入学祝い」「結婚式」「工事の完成」が列挙されています。そして、実際に列挙されているものの他にも、集合「めでたいとき」のメンバーがあることが暗示されています。

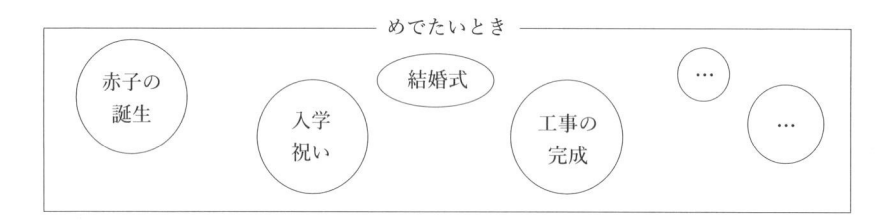

```
┌─────────────────────── めでたいとき ───────────────────────┐
│   ╱‾‾‾╲                                              │
│  │赤子の│    ╱‾‾‾╲   ╱‾‾‾╲                 …          │
│  │ 誕生 │   │入学 │  │結婚式│   ╱‾‾‾╲                  │
│   ╲___╱    │祝い │   ╲___╱   │工事の│       …         │
│             ╲___╱            │完成 │                │
│                               ╲___╱                 │
└──────────────────────────────────────────────────────┘
```

　（2）では、「町へ出る」「郊外を散歩する」「庭の木を世話する」というメンバーが、どのような集合のメンバーであるのかは明示されていません。こうしたメンバーから、〈身体を動かすこと〉といったような集合について述べられているのだろうと推測されるものです。そして、この場合も実際に列挙されているものの他にも、集合〈身体を動かすこと〉のメンバーがあることが暗示されています。

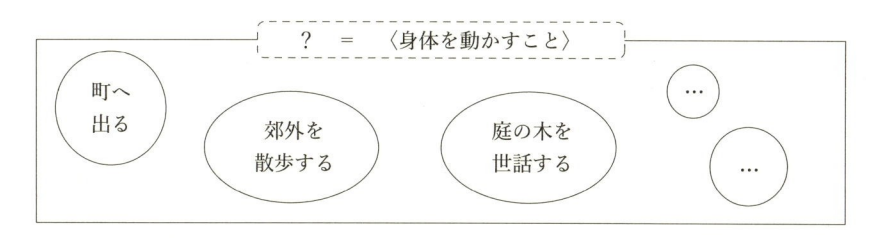

第11章　銅メダルとかとっちゃって！　99

```
┌──────────────────────────────────────────────┐
│         ?  =  〈身体を動かすこと〉              │
│   ( 町へ  )  ( 郊外を  )  ( 庭の木を  )  ( … ) │
│   ( 出る  )  ( 散歩する )  ( 世話する )  ( … ) │
└──────────────────────────────────────────────┘
```

【問題1】　次の例文（3）は、どのような集合について、どのようなメンバーを挙げた、「一部例示」でしょうか。
（3）　友達になってほしいなら、ちょっと映画に誘う<u>とか</u>すればいいのに。

　（3）は、「ちょっと映画に誘う」というメンバーが1つ示されているだけで、それがどのような集合のメンバーであるのかも明示されていません。（3）の意味は《友達になってほしいなら、例えばちょっと映画に誘うというような方法をとればよいのに》ということでしょう。つまり、この例では〈友達になってもらう方法〉といったような集合について、そのメンバーの1つ「ちょっと映画に誘う」ことが言語化されていると考えられます。そして、この「ちょっと映画に誘う」こと以外にも〈友達になってもらう方法〉のメンバーがあるということが暗示されています。これも一部例示です。

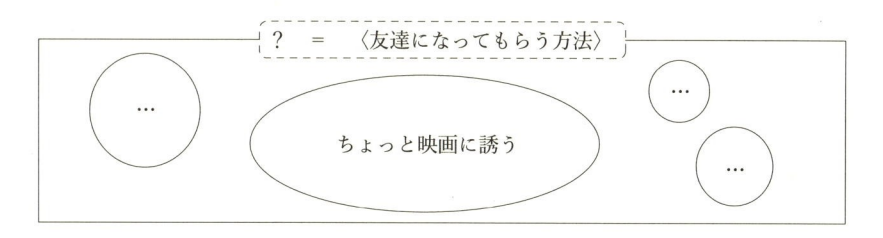

```
┌──────────────────────────────────────────────┐
│         ?  =  〈友達になってもらう方法〉        │
│   ( … )  (  ちょっと映画に誘う  )  ( … ) ( … )│
└──────────────────────────────────────────────┘
```

11.2 「とか」の基本的な用法─②断定回避

【問題2】 次の例文(4)の「とか」は一部例示の用法でしょうか。
(4) 大学の教務課とかから電話が来ましたよ。

　(4)の1つの意味は、教務課とか学生課とか《いろいろなところから電話がかかってきた》のであり、その1つのメンバーとして「教務課」を例示しているものです。これは、先ほど観察した一部例示の意味です。
　しかし、(4)にはもう1つ、異なる意味の場合があります。電話は1カ所からかかってきたが、それが「大学の教務課」からだったかどこからだったか、定かではない、確かでないといったことを表すものです。これは、「大学の教務課」であるということを断定せず、ぼかしていると言えます。これを「断定回避」と呼ぶことにします。

　「とか」の一部例示と断定回避の用法は、全く断絶した、異なる2つの用法ではありません。この2つの用法には共通して一部例示の意味が認められます。
　例えば(4)の断定回避の意味は、《大学の教務課とか、その他の名称の可能性もある、何らかの部署から電話がかかってきた》ということでしょう。この場合、〈いくつかの名称の可能性のある何らかの部署〉の集合の中で、そのメンバーの1つの例として「大学の教務課」を明示しているということであり、それ以外の名称の存在が暗示されているということです。これ

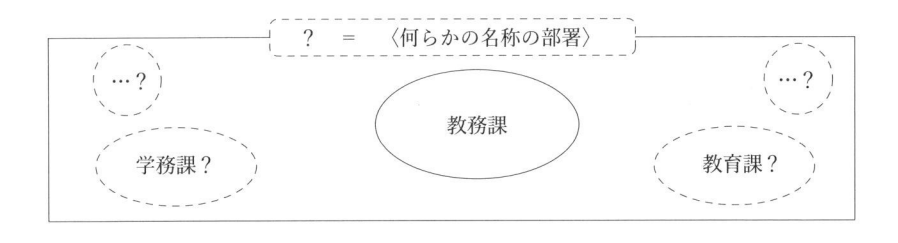

は、一部例示の働きと全く同じです。断定回避の場合には、確信が持てないので一部として例示しているという、使用動機が異なるだけです。

こうして考えてみると、「とか」の従来の用法に見られる基本的意味は一部例示であり、この一部例示の意味を利用して断定回避の意味が実現されていると言えます。

11.3 「とか」の評価的卓立提示の用法

冒頭に示したような若者世代が多用する「とか」の用法、例えば、「鈴木さんと話をしてました」ということを「鈴木さんと話とかしてました」と言う場合の「とか」は、文化庁国語課が言うように、すべて「ぼかす言い方・自信のない言い方」なのでしょうか。

（5） 鈴木さんと話とかしてました。

もしも、〈鈴木さんと共にする行動〉が「話をする」だけでなく、「昼ご飯を食べる」「音楽を聞く」など他にもあり、そのうちの1つの例として「話をする」ことを示しているのだとすれば、（5）の「とか」は従来の一部例示の用法ということになります。この場合には、本当に複数の行動を他にもしていたことを示したいわけですから、ぼかしているのではありません。

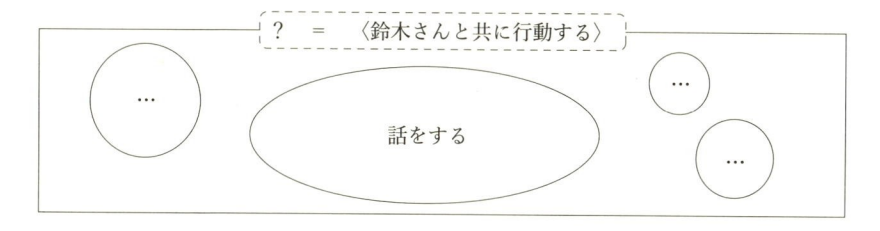

また、《鈴木さんと、「話」とかいう、その他の名称の可能性もある何かの行動を1つだけしていました》《話とかいうものをしていました》といった

意味であり、「話」と言うことに確信が持てないので一部例示しているのであれば、従来からある断定回避の用法ということになります。しかし、「話」と言うことに確信が持てないなどという状況は考えにくいので、この意味での断定回避は、(5)にはないでしょう。

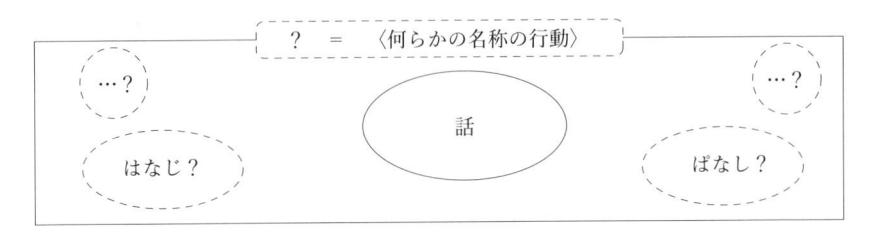

```
┌─────────────────────────────────────────────┐
│              ?  =  〈何らかの名称の行動〉        │
│   ⋯?                                    ⋯?   │
│                  ┌─────┐                    │
│                  │  話  │                    │
│   はなじ？          └─────┘          ばなし？    │
└─────────────────────────────────────────────┘
```

(5)が「ぼかす言い方」と言えるのは、他には何もしていなかったのに、あたかも他に何かをしていたかのようにして偽って、一部例示の「とか」を用いる場合です。この場合は輪郭をくっきりとさせることを避けた、「ぼかす言い方」と言えるでしょう。

つまり、他にメンバーがないのにもかかわらず、それだけだと断言しないであたかも他にもメンバーがあるかのように「とか」を用いるところに、若者の多用する「とか」が「ぼかす言い方」だとされる理由がありそうです。

しかし、他にメンバーがないのに「とか」を用いる場合には、実は「ぼかす言い方」とはとても言えない用法があります。

(6) 銅メダルとかとっちゃって。
(7) 約束の時間に全然来ないから迎えに行ったら、家の中で映画とか見てたんだよ！

(6)はオリンピック競技で実際に銅メダルをとった選手のことばです。この選手は銅メダルを一個とっただけです。だから「銅メダル」以外にメンバーはないし、まさかもらったものが「銅メダル」だと確信が持てないとい

う状況でもありません。こんなところにまで若者は「とか」を用いてぼかしているのでしょうか。

（7）は、約束の時間に来ない人を迎えに行ったところ、その人は家の中で「映画」を見ているだけで、他のことをしていたわけではありません。この場合も「映画」以外にメンバーはないし、見ていたものが「映画」だか何だかわからないという状況ではありません。この「とか」も、ぼかす言い方なのでしょうか。

（6）で言わんとしていることは、《この自分がなんと銅メダルをとるというようなすごいことをしちゃって》といったようなことではないでしょうか。また（7）も《家の中でこともあろうに映画を見るというような大変のんきなことをしていたんだよ》といったようなことではないでしょうか。これらはむしろ「なんと」「こともあろうに」という語との共起が自然な、強調された言い方のように感じられます。

つまり、（6）（7）は、「銅メダルをとる」「映画を見る」ということが、言語化されてはいない、〈すごいこと〉〈大変のんきなこと〉といった主観的評価の下される出来事の1つの、しかも際だった1つのメンバーとして示さ

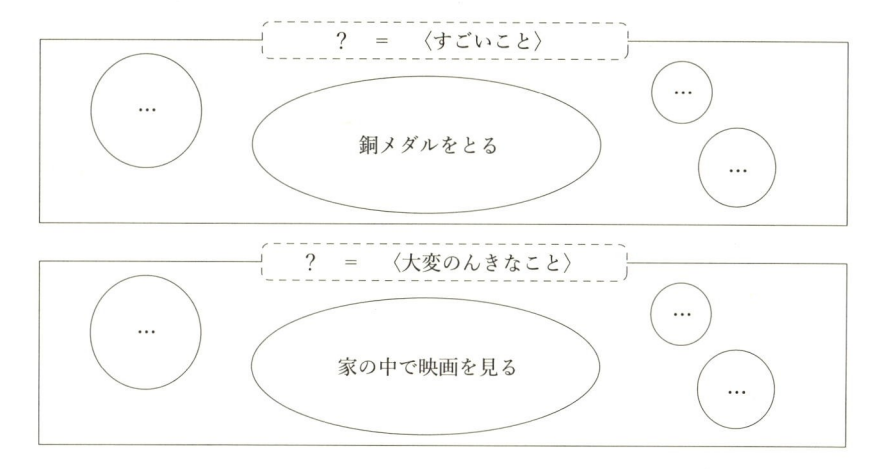

れているのではないかと考えられるのです。

　言語化されてはいない、主観的評価の下される集合に所属する、強力なメンバーとして卓立提示するこうした用法は、他にメンバーがないのにもかかわらず、それだけだと断言しないであたかも他にもメンバーがあるかのように偽った、「ぼかす言い方・自信のない言い方」の中には一括できないものでしょう。

11.4　他の例示用法に見られる評価的卓立提示の用法

　前節で見た卓立提示の「とか」と似た意味は、「など・なんか・なんて・のような」にも見いだされます。

（8）　銅メダルなど、とっちゃって。
（9）　院生にも難しい話で、私などには全くわかりません。
（10）　あなたのようなかたがやってくださるとは光栄です。
（11）　私のような者がやってもよいのでしょうか。

　（8）は（6）と同じ文脈なら、「とか」を用いた（6）と同じように、〈銅メダルなどといった大変価値の高いものをとっちゃって〉とか〈銅メダルをとるというような大変価値の高いことをしちゃって〉といった、プラス評価の集合を補って解釈されるでしょう。（9）は〈私などの専門知識のないもの・能力の低い者には全くわかりません〉といった、今度はマイナス評価の集合が補われるでしょう。
　同様に、（10）（11）の「AのようなB」は、AがBの例になりますが、（10）は「あなたのようなどういうかた」なのか、（11）は「私のようなどういう者」なのかが言語化されてはいません。しかし、（10）であれば、〈あなたのような能力の高いかたが〉、（11）であれば、〈私のような能力の低い者が〉というように、文脈に応じて、〈際だった評価のもの〉が創造的に解釈され

るのです。

　「など・なんか・なんて・のような」は例示表現です。こうした例示表現には、従来、ある1つのメンバーを卓立して示すことにより、その背後に何かしら発話者が評価する集合があるということを想像させる用法が定着していたのです。
　若者世代に多用される「とか」の中には、「など・なんか・なんて・のような」が従来果たしてきたこの用法と同じものが生まれているということです。それは、「とか」が基本的に一部例示を表すということに起因しているのです。

第12章 あ、バスが来た！

12.1 事柄の時の意味

　研究に関するデータを収集したり保存したり、講義のノートもその場で整理したりして、軽いノートパソコンをさっそうと使いたいものだとみんなが思っていました。そのような状況で、A君がみんなに次のように言ったとします。

（1）　昨日、北村さんが、ノートパソコンを買ったよ！
（2）　昨日、北村さんが、ノートパソコンを買っていたよ！

【問題1】　上の（1）（2）の意味はどのように異なるでしょうか。

　（1）も（2）も、〈北村さんがノートパソコンを買う〉という出来事が、発話時よりも前の、「昨日」起こったということを表している点では同じです。
　しかし、（1）と（2）では意味が異なります。（1）は、〈買う〉という出来事のどこかの段階を詳細に伝えるわけではありません。（1）は、〈買う〉という出来事の開始から終了までをひとまとまりとし、<u>そのひとまとまりの出</u>

来事の起こった時点と、発話時との先後関係を明らかにしているだけです。ひとまとまりの出来事が、発話時より先に起こったことを示すだけで、A君が「昨日」のある時点で北村さんの出来事を目撃したのだとしても、その北村さんの、ノートパソコンを買う様子を表す表現形式ではないのです。

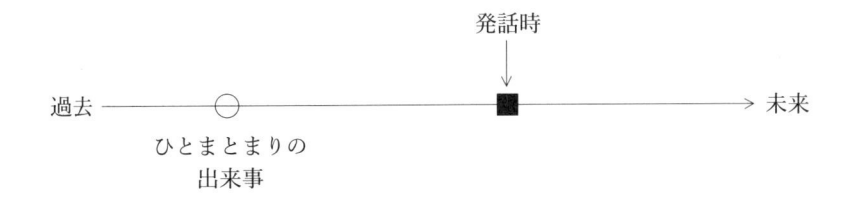

```
              発話時
              ↓
過去 ────○─────■────────→ 未来
      ひとまとまりの
        出来事
```

他方（2）は、発話時点よりも過去のある時点（＝設定時）で、〈北村さんがノートパソコンを買う〉という事柄が進行中だったことを表しています。つまり、進展中の事柄のどの一段階（開始・過程・終了などの段階）が起こっていたのかを表しているのです。

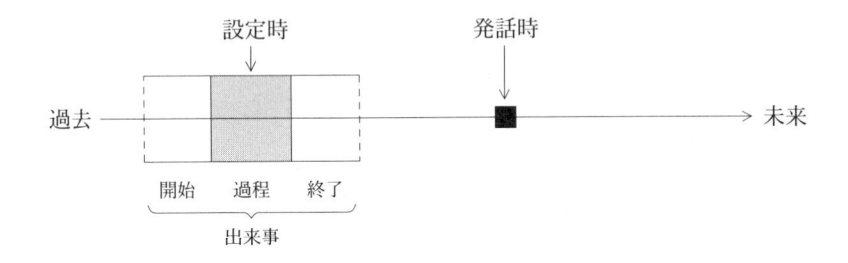

```
         設定時         発話時
          ↓            ↓
過去 ──┌──┬──┬──┐─────■────────→ 未来
      │開始│過程│終了│
      └──┴──┴──┘
           出来事
```

（1）も（2）も事柄の時間的な性質を表していますが、このうち(1)でみたような、発話時からみた、ひとまとまりの事柄成立時の先後（過去か現在か未来か）の意味を**時制性**と呼び、（2）でみたような、その事柄の、時間軸上の段階（開始段階か過程段階か終了段階かなど）を表す意味を**アスペクト性**と呼びます。

言語が表す事柄には、時間軸と共に動きや変化のある、動的な出来事と、

動きや変化のない静的な状態があります。

　おおむね、「歩く・走る・買う・食べる・壊れる・壊す…」など動詞を述語とした文は動的な出来事を表し、「青い・丸い・かわいい・美しい…」など形容詞を用いた文や、「犬だ・社長だ・学生だ・若者だ…」など名詞を用いた文は静的な状態を表します。

　動的な出来事も静的な状態も、発話時との先後関係、つまり時制性を表すことができますが、アスペクト性は、動的な出来事にだけある意味です。

12.2　「―る」と「―た」

　時制性はどのような形式で表し分けられているでしょうか。

【問題2】　次のaとbの意味の違いを述べてください。
（3）a　病気のため、書類は私の代わりに母が提出した。
　　　b　病気のため、書類は私の代わりに母が提出する。
（4）a　封切り日には主演女優が挨拶に来た。
　　　b　封切り日には主演女優が挨拶に来る。
（5）a　空の色が赤かった。
　　　b　空の色が赤い。
（6）a　村野先生が卒論主査だった。
　　　b　村野先生が卒論主査だ。

　「提出した／来た／書いた／飲んだ」「赤かった」「主査だった」という形を代表して**タ形**と呼び、「提出する／来る／書く／飲む」「赤い」「主査だ」といった、「た(だ)」を持たない形を、代表して**ル形**と呼ぶことにします。

　上の(3)(4)は、動詞文です。この場合、タ形は発話時よりもその出来事が過去に行われたことを示します。他方、ル形はどうでしょうか。「母が提出する」「主演女優が挨拶に来る」のはこれからのことです。つまり、動詞

文ではル形が未来の出来事を表すのです。

（5）は形容詞文、（6）は名詞文です。この場合、タ形は過去の状態を、ル形は現在の状態を表します。

	タ形の意味	ル形の意味
動詞文	過去	未来
形容詞文 名詞文	過去	現在

12.3　現在の出来事なのに「タ形」―①開始の「タ」

前節ではタ形は過去の出来事を表すと述べましたが、次の文は、今、発話者の目の前で起こっている出来事や、あるいは現在もこれからも続く状態や性質を表しているのに、タ形が用いられています。これらのタ形は何を表しているのでしょうか。

（7）（手品師に手を使わずに十円玉を自由に動かすと言われ、じっと見ていたら動き始めたので）あ、<u>動いた</u>！
（8）（バスがこちらに来るのを見つけて）あ、バスが<u>来た</u>！
（9）君は<u>未成年だった</u>ね。じゃあ、酒を飲んではいけないよ。
（10）（手帳の予定表を確認して）このあと、<u>会議だった</u>。

（7）〜（10）の表す事柄は、発話時現在から切り離された過去の事柄ではありません。

（7）は、発話者の目の前で、〈十円玉が動く〉という出来事が今まさに進行中のときでも言えます。〈十円玉が動く〉という出来事は発話時と隔たった過去の時点に起こった出来事ではありません。この場合、「〜ている」を用いるのとではどのような意味の違いがあるでしょうか。

(11)a　あ、動いている！
　　 b　あ、動いた！

「〜ている」を用いた(11)aは、発話時点で十円玉が動いている最中であること、動く出来事の一段階であることを表しています。

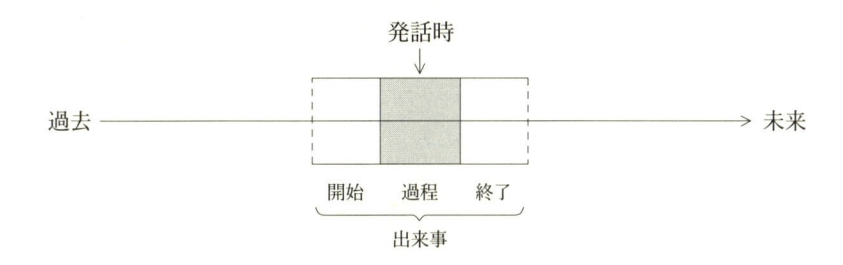

他方、「〜た」を用いた(11)bは、今まさに進行中である十円玉の動きは問題にしていません。(11)bは、「動き始めた」とほぼ同じ意味を表し、〈動かない状態〉から〈動く状態〉へと変化したことを問題にしています。〈動かない状態〉から〈動く状態〉へと変化したことを、ひとまとまりの出来事の完成と捉え、その変化時点が、発話時直前なので、「〜た」が用いられているのです。

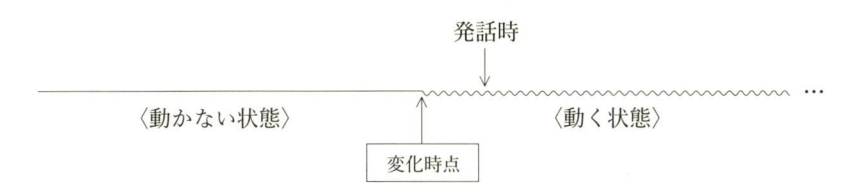

（8）も同様に考えられます。（8）は、発話者の目の前で、〈バスが来る〉という出来事が今まさに進行している時に用いることができ、その場合、発話時と隔たった過去の時点に起こった出来事とは言えません。こうした場合に「バスが来た」が表しているのは、バスの姿が〈見えない状態〉から〈見える状態〉へと変化したことです。その〈見える状態〉へと変化した時点に

〈来る〉という動きが開始したというわけです。その変化時点は発話時直前であり、「〜た」が用いられているのです。

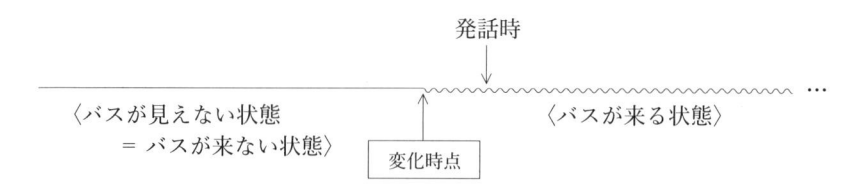

```
                              発話時
                               ↓
─────────────────────────────────〜〜〜〜〜〜〜〜〜〜〜〜〜〜…
  〈バスが見えない状態     ↑      〈バスが来る状態〉
    ＝バスが来ない状態〉 変化時点
```

こうした「〜た」は、出来事の開始点を越えたという変化を1つの出来事の完成と捉え、「〜た」で表すものと言えます。仮に開始の「タ」と呼ぶことにします。

次の(12)もまた開始の「タ」の例と言えます。

(12) （捜し物をしていて）あ、<u>あった</u>！
(13) （人捜しをしていて）あ、<u>いた</u>！

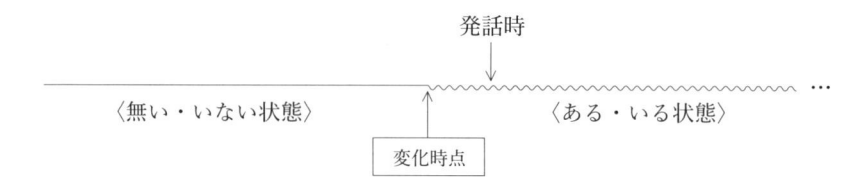

```
                              発話時
                               ↓
─────────────────────────────────〜〜〜〜〜〜〜〜〜〜〜〜〜〜…
   〈無い・いない状態〉   ↑      〈ある・いる状態〉
                      変化時点
```

こうした言い方は、探している段階がないと表現できません。あるもの・人を見つけていない状態から見つけた状態へと発話時直前に変化したことを表しているのです。

現実世界では同じように、財布が机の上にあり、教室に田中さんがいるのであっても、(12)(13)の場合には、発話者が捜す過程を持ち、それを〈無い・いない状態〉から〈ある・いる状態〉への変化と捉えたことを表し、次の(14)(15)は、単に発話時に〈ある・いる状態〉の段階にあることを表すのです。

(14) あ、ある！
(15) あ、いる！

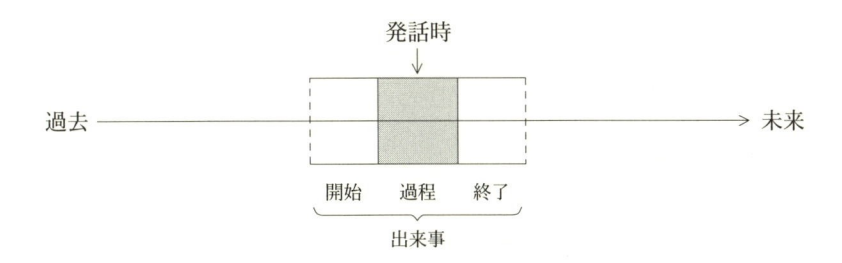

12.4　現在の出来事なのに「タ形」—②認識改めの「タ」

では、(9)(10)はなぜ「タ形」なのでしょうか。

(9)　君は<u>未成年だったね</u>。じゃあ、酒を飲んではいけないよ。
(10)　(手帳の予定表を確認して)このあと、<u>会議だった</u>。

「君」は現在も未成年だし、「会議」はこのあとの予定なのに、なぜ、(9)も(10)も「タ形」を用いているのでしょうか。

(9)は、いったん忘れてしまった、「君」が未成年であることを、再度思い出したことを表しています。(10)も、手帳を確認していったん忘れてしまった会議だということを思い出しています。そして、〈君が未成年であ

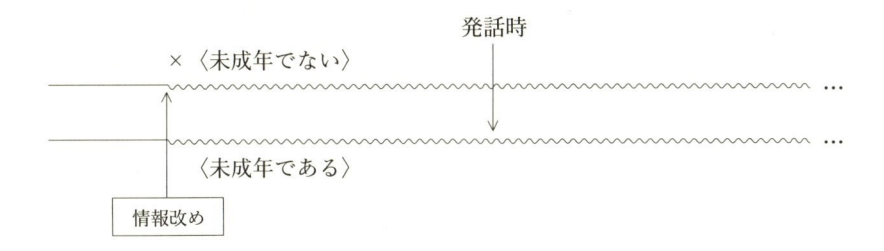

る〉情報や、〈このあと会議である〉情報を入手した過去の時点に遡って、忘れたために現在誤って保持している情報を訂正しているのです。

　次の(16)(17)は、一度も入手していない情報ですが、タ形が用いられています。

(16)　知らなかったが、じいさんは<u>空手有段者だった</u>。
(17)　気づかなかったが、こんなところにほくろが<u>あった</u>。

「じいさん」は今も空手有段者であり、「ほくろ」は今もそこにあるのにタ形が用いられています。この場合、(18)(19)「空手有段者だ」「ほくろがある」と言うのとどのように異なるでしょう。

(18)　知らなかったが、じいさんは<u>空手有段者だ</u>。
(19)　気づかなかったが、こんなところにほくろが<u>ある</u>。

　(18)(19)のようにル形を用いると、新たに入手した情報を、具体的な時間の限定のない、恒常的な性質・状態として述べていることになるのではないでしょうか。それに比べると、タ形の(16)(17)は、発話時以前からその性質・状態が続いていて今に至っているということを表明しています。これは、情報を入手できなかった過去の時点に遡って、現在誤って保持している情報を訂正しているものと考えられます。

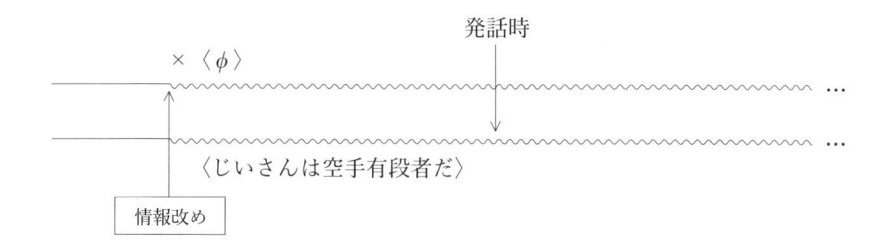

(9)(10)・(16)(17)は、過去に遡って情報を改めるためにタ形が用いられているのです。これを仮に認識改めの「タ」と言うことにします。

　開始の「タ」や認識改めの「タ」は、現在の出来事や状態なのに「タ」を用いているように見えますが、それを例に「タ」は現在も表すとは言えません。現実の出来事・状態が発話時現在に関わるものであっても、意味的には、ル形と対立するタ形の「過去」の意味が見いだされるのです。

第 13 章 「とても子どもらしい」と「どうも子どもらしい」

13.1 2つの「らしい」

　同じ「らしい」という形を持っていても、「とても子どもらしい」の「らしい」と「どうも子どもらしい」の「らしい」では、働きが違います。その違いはどのようなものでしょうか。

【問題1】　次の例文(1)(2)はどのような状況でどのような意味を表すと考えられるでしょうか。
（1）　たけちゃんって、とっても子どもらしいね。
（2）　たけちゃんって、どうも子どもらしいね。

　例文(1)は、例えば「たけちゃん」という子どもを知っている者どうしの会話で、「たけちゃん」が典型的な子どもの特徴を持っていることを意味するものと考えられます。これを様態の「らしい」と呼んでおきましょう。

(1)　たけちゃん　　　発話者

←「たけちゃんって、とっても子どもらしいね」

　他方、(2)は、「たけちゃん」という名前を持つ者が何者であるかがよくわかっていない者同士の会話で、「たけちゃん」という人物は、他の情報から考えると、子どもであると推測されるということを意味するものと考えられます。これを推定の「らしい」と呼んでおきます。

(2)　たけちゃん　　　発話者

←「たけちゃんって、どうも子どもらしいね」

　同様に、次の2つの例文の「らしい」を考えてみましょう。

(3)　市民の生活を守りたいなんて言って、彼はいかにも<u>警察官らしい</u>ね。
(4)　警察官しか知り得ないことを知っている。どうやら犯人は<u>警察官らしい</u>ね。

　例文(3)は様態の「らしい」、例文(4)は推定の「らしい」の例です。

　様態の「らしい」と推定の「らしい」の違いは、様々な現象の違いに現れます。

第 13 章 「とても子どもらしい」と「どうも子どもらしい」　119

【1】「である」が「らしい」の前に入るかどうか
　「様態」の「らしい」は「〜であるらしい」とは言い換えられませんが、「推定」の「らしい」は「〜であるらしい」と言い換えてもほぼ同じ意味を表します。

（５）* 　たけちゃんって、とっても子どもであるらしいね。
（６）　　たけちゃんって、どうも子どもであるらしいね。

【2】「ない」が「らしい」の前に入るか・後に入るか
　「様態」の「らしい」は「〜ないらしい」とは言えず、そうでないことを表すには「〜らしくない」と言います。他方、「推定」の「らしい」は「〜ないらしい」の形で否定の意味を表し、「〜らしくない」とは言いません。

（７）* 　たけちゃんって、全然子どもじゃないらしいね。
（８）　　たけちゃんって、全然子どもらしくないね。

（９）　　たけちゃんって、どうも子どもじゃないらしいね。
（10）* 　たけちゃんって、どうも子どもらしくないね。

【3】「た」が「らしい」の前に入るかどうか
　「様態」の「らしい」は「〜たらしい」とは言えず、そうであったことを表すには「〜らしかった」と言います。他方、「推定」の「らしい」は「〜たらしい」の形が可能です。

（11）* 　たけちゃんって、とっても子どもだったらしいね。
（12）　　たけちゃんって、とっても子どもらしかったね。
（13）　　たけちゃんって、どうも子どもだったらしいね。

これまでの観察をまとめてみましょう。

> 様態の「子どもらしい」は、「子ども」と「らしい」の間に、「である・ない・た」という要素を入れることができない。
> 推定の「子どもらしい」は、「子ども」と「らしい」の間に「である・ない・た」という要素を入れることができる。

様態の「らしい」は、その前に付く語と一体になって、〈典型的な○○の特徴を持つ〉とか〈○○というにふさわしい〉という様態を表す語を作り出しているのです。

さて、この「○○らしい」というひとまとまりは、1つの形容詞「かわいい・いじらしい…」と同じようにふるまいます。様態の「○○らしい」には程度を表す「とても・かなり・少し・割と・ずいぶん」などが共起して、その「○○らしい」ということの程度がどのようなものであるかを表します。

たけちゃんって、とっても ┌ 子どもらしい ┐ ね
　　　　　　　　　　　　 │ かわいい　　│
　　　　　　　　　　　　 └ いじらしい　┘

他方、推定の「らしい」は、その前に付く語と一体になるわけではありません。推定の「らしい」は、想定される事柄・状態を表す、「AがBであるコト」という意味的なまとまりに付いて、その事柄・状態であると推測されるという発話者の判断を表しているのです。

どうも ［φが　　　子ども　　　］らしい　ね
　　　　［たけちゃんが子どもである］らしい
　　　　［たけちゃんが子どもでない］らしい
　　　　［たけちゃんが子どもだった］らしい
　　　　　　　　　［雨が降る］らしい

13.2　述語部分の要素の順番

　文の述語部分は、様々な要素が付いています。

　例えば「走る」という動詞で考えてみましょう。「走る」は、使役の「(さ)せる」・受身の「(ら)れる」・否定の「ない」・過去の「た」など、様々な要素が1つ付いたり重ねて付いたりして、次のようにいろいろな述語になります。

　　走らせる・走られる・走らせられる・走らない・走った・走らなかった・
　　走られなかった…

　この要素の付き方には、順番があります。「走る」＋「せる」＋「ない」の順番で「走らせない」ということは可能ですが、「走る」＋「ない」＋「せる」の順番で「走らなくせる」ということは不可能です。

　使役の「(さ)せる」・受身の「(ら)れる」・否定の「ない」・過去の「た」の付く順番は次の通りです。

　　走る　　　　　　　　　　→　走る
　　走る＋せる　　　　　　　→　走らせる
　　走る＋せる＋られる　　　→　走らせられる
　　走る＋せる＋られる＋ない　→　走らせられない
　　走る＋せる＋られる＋ない＋た→　走らせられなかった

前節で見た、様態の「らしい」と推定の「らしい」はどこに現れると言えるでしょうか。前節の観察【1】～【3】から次のように考えられます。

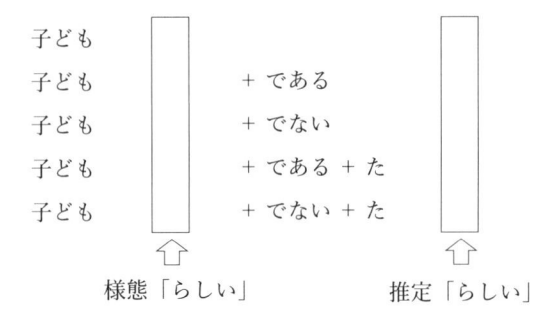

```
子ども        │  │
子ども        │  │  ＋である
子ども        │  │  ＋でない
子ども        │  │  ＋である＋た
子ども        │  │  ＋でない＋た
              ⇧           ⇧
          様態「らしい」   推定「らしい」
```

【問題2】 推定の「らしい」のように話者の判断を表す要素には、他にも「にちがいない・はずだ・だろう」などがあります。これらは、述語のどこに現れるか考えてください。

「にちがいない・はずだ・だろう」の付いた例文を考えてみましょう。

(14)a 一郎は走る★にちがいない。
　　b 奈々子は犯人である★にちがいない。
(15)a 一郎は走る★はずだ。
　　b 奈々子は犯人である★はずだ。
(16)a 一郎は走る★だろう。
　　b 奈々子は犯人★だろう。

　上の例文の★の位置に、a は使役の「(さ)せる」・受身の「(ら)れる」・否定の「ない」・過去の「た」が、b は否定の「ない」・過去の「た」が来ることができます。これは、推定の「らしい」と同じです。特に、「だろう」は、「だろう」の後に否定の「ない」や過去の「た」を付けることもできず、付けられるのは「よ・ね」ぐらいです。

「にちがいない・はずだ・だろう」もまた、推定の「らしい」と同じように、「AがBであるコト」という意味的なまとまりに付いて、その事柄・状態であると推測されるという発話者の判断を表すもので、その出現する位置も同じです。

13.3 述語部分の意味的な階層構造

文の述語部分に現れる要素の順番は、意味的な違いを反映していると考えられます。

```
走る ＋ せる ＋ られる ＋ ない ＋ た ＋  ┌ らしい      ┐ ＋ ┌ よ ┐
                                      │ にちがいない │    │ ね │
                                      │ はずだ      │    └   ┘
                                      └ だろう      ┘
```

① 「走る＋せる＋られる＋ない」の部分は、意味的に、1つの出来事・状態がどのようなものであるかを描写する部分です。
② そのような出来事・状態を素材にして、さらにそれに「た」が付けば、それを現実の時間軸上に位置づけて述べる部分となります。
③ 「らしい・にちがいない・はずだ・だろう」の付いたまとまりは、そのように現実の時間軸上に位置づけられたり、あるいは位置づけられずに一般的なこととして述べられたりする、1つの出来事・状態を素材にして、発話者が、どのような判断をしているかを示すまとまりです。
④ 最後に、「よ・ね」という要素は、発話者が、発話相手に対してどのようにその発話を行うかということを表します。

例えば益岡隆志氏は著作『日本語モダリティ探求』(2007)で①を「一般事

態」、②を「個別事態」、③を「判断のモダリティ」、④を「発話のモダリティ」と呼んでいます。ここでいう**モダリティ**とは、発話者の態度を表す意味のことです。

　文の表す意味の中には、大きく、「事態」を表す意味と、「発話者の態度(「事態」に対する認識や判断の態度と、「聞き手に対する伝え方の態度)」を表す意味とがあります。日本語の文は、この2つの意味を表す述語の形式が、おおむね、次のような語順で表されるということです。

　　　　　| 事態の意味 | ＋　発話者の態度の意味

　同じ「らしい」という形式でも、様態の「らしい」は、
　　　見たところ／聞いたところ…そういう様子をしている
という意味、つまり「事態」の意味なので、前方に出現し、推定の「らしい」は、
　　　見たところ／聞いたところ…そういう事態だと判断できる
という意味、つまり「発話者の態度」の意味なので後方に出現するわけです。

【問題3】　上で見た「らしい」の他に、様態を表す用法と推定を表す用法の2つを持つ形式を探してください。

　「らしい」の他、同じ形式でありながら様態と推定の2用法を持つものとして、例えば次のようなものが考えられるでしょう。

(17)a　あんなにがつがつ食べるなんて、野良犬みたいだね。
　　b　庭を荒らしたのは足跡から考えて野良犬みたいだね。

(18)a その言い方、やくざっぽいからやめなさい。
　　b 一階の住人は行動から考えてどうもやくざっぽいね。
(19)a 先生の洋服の好みは、年寄りくさいな。
　　b 犯人はどうやら年寄りくさいな。

　(17)～(19)のaは様態を表し、bは推定を表します。ただし、これらは「らしい」の2用法のように「である・ない・た」との続き方では2つに分かれないようです。

(20)a あんなにがつがつ食べるなんて、先祖が野良犬だったみたいだね。
　　b 庭を荒らしたのは足跡から考えて野良犬だったみたいだね。

　(20)aは様態を表すにもかかわらず、推定を表すbと同じように「みたいだ」の前に「た」が付いています。
　また、「推定」の「ぽい・くさい」は「明日は雨が降るっぽい・降るくさい」や「あの人はどうもやくざだったっぽい・やくざだったくさい」という言い方はあまり許容されないでしょう。

　日本語の文を作り上げる要素の順番は、「僕が」「箸を」「ぎゅっと」などの要素に関しては自由で、出現の傾向性はあるものの、それぞれの相対的な順番が厳しく決められているわけではありません。しかし、述語のまとまりを形成する様々な要素が出現する順番は、意味の違いを反映して、制約があります。

第 14 章　彼は悲しい！

ひとの気持ちなのに「彼は悲しい！」と断言してしまうとなんだか違和感があります。こんな場合には、「彼は悲しいと思うよ」「彼は悲しいんじゃないかな」とか「彼は悲しそうだよ」「彼は悲しいみたいだよ」といったような言い方をする必要があります。

ただし、物語の世界では冒頭のような断言が使われることもあります。「彼独り仕事をしなければならなくなった。<u>彼は悲しい</u>。」のようにです。

登場人物に起こった出来事を読み手に伝える物語では、会話とは異なる、どのような伝え方がなされているかを考えてみましょう。

14.1　感情の表現

まず、感情・感覚や意志を表す次のような形式を考えてみましょう。

　　　悲しい・嬉しい・つらい・痛い・ほしい・叫びたい

これらは、発話者がその感情・感覚・意志の持ち主である場合には、そのままの形で用いることができます。

（1）　私は悲しい。
（2）　私は叫びたい。

　ところが、発話者以外の人の感情・感覚・意志の場合には、そのままの形で用いることはできません。

（3）　*君は／あの人は悲しい。
（4）　*君は／あの人は叫びたい。

　次のような表現なら可能です。

（5）　君は／あの人は悲しそうだ。
（6）　君は／あの人は悲しいみたいだ。
（7）　君は／あの人は悲しいんじゃないかと思う。
（8）　君は／あの人は悲しいにちがいない。

　（5）（6）は、その感情の存在を、外側から観察できる感情の持ち主の様子として描いています。（7）（8）は、その感情の存在を、発話者の認識・推測として描いています。
　（1）（2）が、感情の直接の表現であるのに対し、（5）～（8）は、間接的な表現です。

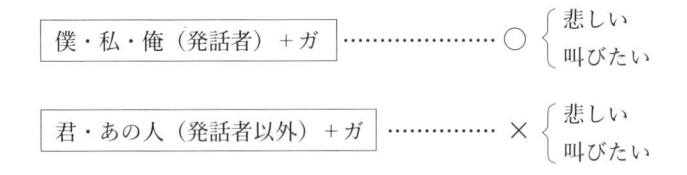

| 僕・私・俺（発話者）＋ガ | ………… ○ | 悲しい / 叫びたい |
| 君・あの人（発話者以外）＋ガ | ………… × | 悲しい / 叫びたい |

　ところが、物語文には、「登場人物Xが悲しい。」という表現がよく出てきます。これは、視点を表現者から登場人物Xに移し、登場人物の立場で

描いたものです。
　ただし、物語文の視点の表し方も一様ではありません。

（９）　浩一は自分の気持ちを反省してみた。
　　　<u>(僕は)悲しい</u>。どうしたものだろうか…。

　（９）の下線部分は、完全に「浩一の視点＝表現者の視点」として描かれています。浩一の発話(心内発話)として表現されているのです。

（10）　浩一だけ独りで仕事をしなければならなくなった。
　　　<u>浩一は悲しい</u>。

　（９）に比べて（10）の下線部分は不完全な「浩一の視点」です。「悲しい」という部分は、「浩一の視点」の感情表現ですが、「浩一は」の部分は、「浩一の外側の視点」の表現だからです。

（11）　浩一だけ独りで仕事をしなければならなくなった。
　　　<u>浩一は悲しかった</u>。

　（11）の下線部分も、不完全な「浩一の視点」です。「浩一は」の部分は「浩一の外側の視点」の表現です。「悲しかった」の部分は「浩一の視点」の感情表現ですが、(10)と異なりタ形が用いられ、物語中の生の感情表出ではありません。物語中の現在から離れて記述されています。

（12）　浩一だけ独りで仕事をしなければならなくなった。
　　　<u>浩一は悲しかったにちがいない／悲しかったと思う／悲しそうだった／悲しいようだった</u>。

(12)は、完全な「表現者の視点」です。「浩一は」の部分は「浩一の外側の視点」ですし、「〜にちがいない／〜と思う」を付けて表現者の判断であることが示されたり、「〜そうだった／〜ようだった」を付けて、そのような感情を持っていたことが表現者の視点から観察されたこととして示されています。また、「悲しかっ<u>た</u>にちがいない・と思う」「悲しそうだっ<u>た</u>／ようだっ<u>た</u>」と、タ形を用いることで、物語中の現在から離れて記述されています。このような表現は、登場人物を描写する表現者(物語作者や作者が仮託された物語中の語り手)の存在が色濃い感じがします。

14.2　表現の時・出来事の時

【問題1】　タ形は発話時よりも過去、ル形は非過去を表すのに、次の下線部分はル形です。「昨日」起こった出来事なのに、なぜでしょうか。

(13)　昨日、電車に<u>乗る</u>前に写真を撮った。

(13)の出来事と時の関係は以下のように表すことができます。

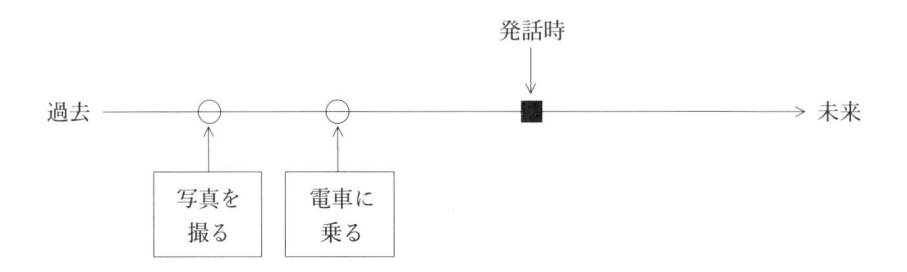

〈電車に乗る〉出来事は、〈写真を撮る〉出来事よりも後に起こっています。〈電車に乗る〉出来事は、〈写真を撮る〉出来事の起こった時点を基準にして、それよりも後に起こったので、ル形で表されているのです。

(14) 出来事の起こった時点を基準にして
　　　　それより後に起こったこと…ル形
　　　　それより前に起こったこと…タ形

　このように、出来事時を基準にして表し分ける時制性を、「**相対テンス(時制)**」と言います。他方、発話時(表現時)を基準にして表し分ける時制性を「**絶対テンス(時制)**」と言います。

(15)　絶対テンス＝表現の時が基準‥‥・電車に乗っ<u>た</u>。
　　　相対テンス＝事態の時が基準‥‥・電車に乗る前に写真を撮った。
　　　　　　　　　　　　　　　　　　・油と醤油をよく混ぜたれを肉にかける。

　さて、物語のテンスは、物語を表現する時点が基準となっている絶対テンスと、物語の中の、事態の起こった時点が基準となっている相対テンスとが入り交じっています。
　このように入り交じることによって、どのような意味の違いが生まれているのでしょうか。

14.3　物語文における「タ形」と「ル形」

　実際に、物語文を観察してみましょう。

(16)　①朝、歯が痛かった。②歯磨きしないで眠ったからだ。③歯磨きどころか、顔も洗わなかった。④歯間ブラシまでつかって、ていねいに歯磨きをしていたら、宿題のことを思い出した。(あさのあつこ『The MANZAI』)

この物語は、全体的に主人公「ぼく」の視点で描写が進んでいきます。(16)の①・④文では、「痛い」「思い出す」という感情や意識の表現が直接的な形で用いられています。

　この①〜④文のうち、②文だけがル形です。タ形が用いられた場合とどのような意味の違いが感じられるでしょうか。

(17)a　朝、歯が痛かった。歯磨きしないで眠ったから<u>だ</u>。
　　b　朝、歯が痛かった。歯磨きしないで眠ったからだっ<u>た</u>。

　(17)のabを比べると、aの方が「朝、歯が痛かった」という前文により従属した感じがしないでしょうか。(16)に続く部分にも、似たようなル形があります。

(18)　1年前、学校にいき出してから、宿題をわすれたことはなかった。宿題をすることは、学校にいく儀式のようなものだった。<u>教科書もノートも宿題も、他の提出物もわすれない。</u><u>全部がきちんとそろったカバンをかかえて出ていく</u>。僕だけの儀式だった。(同上)

　(18)では、下線を引いた2文だけがル形です。ここは、前文「宿題をすることは、学校にいく儀式のようなものだった。」の中に出てくる「儀式」の内容を説明しており、やはり、前文に従属した意味であることを表す効果があると言えます。

　このように、タ形で物語が進行していく中でル形を用いて、そのル形の文が先行のタ形の文に意味的に従属していることが表される場合があります。こうしたル形は、物語内の時間軸に沿って進んでいく展開からちょっとはずれて(時間が止められて)、説明が入り込んでいる感じがします。

次の(19)の下線を引いた2文はどうでしょうか。

(19) 教室はごったがえしていた。<u>午後からは、展示になるので、後ろ半分は、幕をはりめぐらせている。床にマジックだの紙くずだの、写真の切り抜きだのが散乱している。</u>(同上)

(19)の下線を引いた2文は、前文で表される「教室」の様子・状況を詳しく説明しています。「教室はごったがえしていた。」は、表現時を基準に述べた文ですが、後の2文は、その物語内の事態時を基準にして、今、目の前にある状況のように述べています。

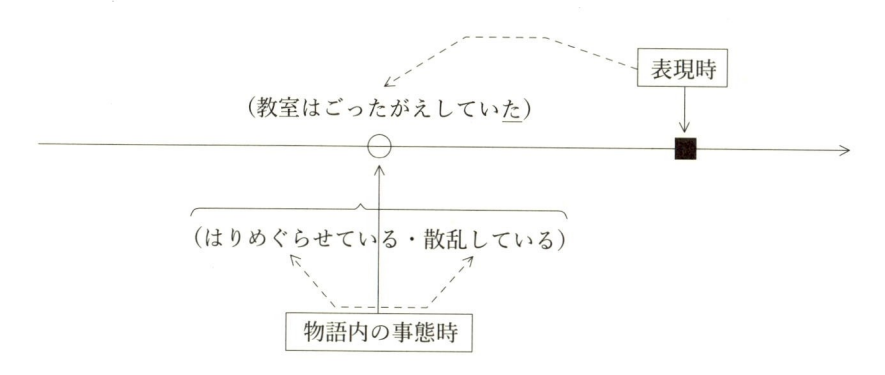

```
                    (教室はごったがえしていた)        表現時
─────────────────────○──────────────────────■──────────▶
                         ↑
                  (はりめぐらせている・散乱している)
                         │
                    物語内の事態時
```

ここまでの例の観察から、物語においてはタ形の文が出来事の大きな進展を表し、ル形の文では時をストップさせて説明するという役割があるように見えます。

しかし、次の例では、ル形の文がむしろ出来事の進展を表しています。(20)は、舞台に出た「ぼく」が最後のセリフを言うところからカーテンコールのところまでの、出来事の進展が描かれています。

(20)　「ほんとに、愛想つきたわ。さいなら」
　　　最後のセリフを言って、ぼくは舞台そでにさがる。
　　「あっ、ジュリちゃん。なんで、どうして。ぼく出世するから。待って」
　　　照明が暗くなる。ナレーター。
　　　これを最後に、ふたりは、二度とこの世で生きては会えなかった。悲しい別れである。
　　　幕がおりる。大きな拍手が起こった。森口がとびついてくる。
　　「やった、瀬田くん、大成功。よかった。あっ、カーテン・コール。あいさつ、あいさつ。ジュリエットらしく、優雅によ」
　　　幕が開く。舞台に関係した全員が横に並び、頭を下げた。(同上)

　(20)は、事態の進展が5つのル形の文(下線部分)と2つのタ形の文(波下線部分)で表されています。この場合のル形は、前文で表されることに従属して詳しい説明を加えるものとは言えません。時が止められている感じはなく、むしろ展開の早さが感じられます。
　この場合は、ル形を用いることによって物語内の事態時を基準とし、その事態時に位置する「ぼく」の視点から、目の前で次々と起こる動きを描写していると考えられます。

　次の(21)には、感情・意識の直接表出のル形(……)、前文の状況などを補足説明するル形(＿＿)、物語内の事態時を基準とし、その事態時に位置する「ぼく」の視点から目の前で次々と起こる動きを描写するル形(＿＿)が見られます(「今日・今」は物語内の事態時現在を示しています)。

第 14 章　彼は悲しい！　135

(21)　　さえた頭で考える。今日一日の段取りがめぐる。なんとかなりそうだった。
　　　そうだ、だいじょうぶ。なんとかなる。
　　　ぼくがぼくに言い聞かせる。
　　　校門の前で、二メートルほど手前で足が止まる。指の先がしびれた感じがした。コンクリートでできた門柱はそれほど高くない。ローラーのついた手押し式の門がついているけれど、今、大きく開け放たれ、たくさんの生徒が入っていく。どこにでもある、なんの特徴もないただの校門だ。威圧感があるわけではない。ただの無機質のかたまり。なのに、ぼくは校門が苦手だった。
　　　息をととのえた。鼓動が早まる。深呼吸する。
　　　ぼくの横を何人もの生徒がすりぬけていく。立ち止まったままのぼくをふり返る者もいた。情けなかった。自分で自分が情けない。なんで、みんなみたいに平気な顔をして、ここを通れないのだろう。（同上）

　お話の中に出てくる出来事は、語っている時点からすればすべて過去の出来事です。しかし、すべてタ形で表されるわけではありません。タ形とル形が入り交じることによって、文と文が意味的に主従関係を持ったり、語る時とお話の中の時とを行き来したり、一歩外から見ていたつもりが登場人物の心の中に入り込んだりといった、意味の多様さが生み出されているのです。

文献案内

（1） 日本語文法論の入門書・概説書

●野田尚史(1991)『はじめての人の日本語文法』くろしお出版
　本の中に野田先生と6人の人々が登場し、疑問をぶつけ合いながら日本語の文の規則性を考えていく楽しい入門書。日本語教育の観点からも興味深い。

●益岡隆志(1993)『24週日本語文法ツアー』くろしお出版
　日本語文法の名所を24週でまわる旅。はじめて日本語の文法を考える人に、ツアーガイドが適切なアドバイスをしてくれる。

●井上優(2002)『日本語文法のしくみ』研究社
　14の質問に答える形で、日本語文法をわかりやすく解説している。文法論にはじめて出会ったときに感じる素朴な疑問にも丁寧に答えている。

●森山卓郎(2000)『ここからはじまる日本語文法』ひつじ書房
　日本語文法論で問題とされてきた事柄が幅広く解説されている。多くの問題も課され、かなり広くそして深く、興味深い現象を考察していくことになる。文献案内も詳しい。

●益岡隆志・田窪行則(1992)『基礎日本語文法―改訂版―』くろしお出版
　日本語文法論の概観がコンパクトに整理されている。

● 『日本語の文法1〜4』岩波書店
　1「文の骨格」(仁田義雄他、2000)，2「時・否定ととりたて」(金水敏他、2000)，3「モダリティ」(森山卓郎他、2000)，4「複文と談話」(野田尚史他、2002)に分かれて概説されている。かなり充実した内容である。研究史もわかるし、なにより最新の研究成果がわかりやすく書かれている。

(2)　日本語文法論の基本図書

● 寺村秀夫『日本語のシンタクスと意味ⅠⅡⅢ』(1982, 1984, 1991)くろしお出版
　まずはⅠ巻の序章を読んでみよう。母語話者は、なぜおかしい文をおかしいと分かるのか。文法とは何だろう…というところから丁寧に説かれている。3巻を通して日本語の文のしくみが概説的にわかりやすく記述されている。

● 仁田義雄(1997)『日本語文法研究序説―日本語の記述文法を目指して』くろしお出版
　文法を考える上で、どのようなことに気をつけなければならないか。どのような分析が志向されるべきか。筆者の方法論、そして、文の要素となる「語」には文法的にどのような振る舞い方をするかがあらかじめ指定されているという筆者の基本的な考え方を知ることができる。

● 益岡隆志(1987)『命題の文法―日本語文法序説―』くろしお出版
　文の骨格をつくりあげる、要素同士の結びつきの規則を論じている。次に挙げた、モダリティ(話者の態度を表す意味要素)に関わる書と合わせて、日本語の文の全体的なしくみをじっくり考えるのによい。

●益岡隆志(1991)『モダリティの文法』くろしお出版
●益岡隆志(2007)『日本語モダリティ探求』くろしお出版
　文は大きく、「命題」(事態を表す意味要素)と「モダリティ」(話者の態度を表す意味要素)からなるとする筆者が、「モダリティ」について論じた書。

●久野暲(1973)『日本文法研究』大修館書店
●久野暲(1983)『新日本文法研究』大修館書店
　「ハ」と「ガ」、否定、疑問、受動文など、多くの興味深い現象の分析が行われ、現在に至るまでの議論の礎になっている。自然な文・不自然な文を自分で考えながら読み進めてほしい。

●柴谷方良(1978)『日本語の分析―生成文法の方法―』大修館書店
　生成文法という1つの理論の立場から日本語の様々な文の現象が分析されている。とりあげられている現象が、主語・主題や受動文・使役文、格助詞といった、現在に至るまで繰り返し論じられるものばかり。

●影山太郎(1996)『日英語対照研究シリーズ5　動詞意味論―言語と認知の接点―』くろしお出版
　「歩く・食べる…」など動詞と言われる単語にも様々な類型があり、どのような構文を形成するかが異なる。日本語の動詞から構文を考える研究は古くからあるが、さらに英語などの他言語と比べることにより、どの言語にもある普遍的なこと・日本語だけの特殊なことが見えてくる。

●三上章(1953)『現代語法序説』刀江書院(1972復刊、くろしお出版)
　伝統的な文法論の枠組みに拠らず、日本語の文に対して鋭い分析を行っている。筆者が投げかけた疑問から現在の研究に進展しているものが多くある。

●南不二男(1974)『現代日本語の構造』大修館書店
　「<u>お茶を飲みながら</u>見る」「<u>お茶を飲むけれども</u>見る」の下線のような従属句には、従属の度合いの異なる3つの段階があるなど、日本語の文の構造について重要な知見をもたらした書。

●北原保雄(1981)『日本語の世界　日本語の文法』中央公論社
　日本語の文が意味的に階層構造をなしていることをわかりやすく述べる。

●鈴木重幸(1972)『日本語文法・形態論』むぎ書房
●言語学研究会(1983)『日本語文法・連語論(資料編)』むぎ書房
　多くの実例により、日本語の文のしくみを詳細に記述している。

●小松英雄(1999)『日本語はなぜ変化するか―母語としての日本語の歴史』笠間書院
　国文法嫌い・文法アレルギーの人におすすめ。日本語の歴史的研究だから関係ない、などと思ってはいけない。筆者は言語学の視野を持ち、たとえ資料は過去のものであれ、生きた日本語に潜む規則性を見いだしていこうとする。

引用文献

沖裕子(2006)『日本語談話論』和泉書院
菊地康人(1997)『敬語』角川書店
柴谷方良(1997)「『迷惑受身』の意味論」『日本語文法　体系と方法』川端
　　善明・仁田義雄編、ひつじ書房
角田太作(1991)『世界の中の日本語』くろしお出版
文化庁国語課(2000)『平成 11 年度　国語に関する世論調査』大蔵省印刷局
益岡隆志(2007)『日本語モダリティ探求』くろしお出版

用例出典

あさのあつこ(2005)『The MANZAI　1』ジャイブ

索引

A

「AがBがC」型文の意味　19
「AがBだ」型文の意味　19
「AがBをC」型文　70
「AはBがC」型文の意味　20
「AはBだ」型文の意味　20
「AはBだ」文　14

あ

相手に対するプラス待遇の意味　44
アスペクト性　108

い

行く　87, 94
一部例示　98, 99, 101, 105

う

内の関係　48
内の関係の結びつき　51
うなぎ文　12

え

影響の受け手　83
遠心的な方向性　89

か

が　25

「が」の文　7, 15
感情・感覚や意志　127
感情の直接の表現　128

き

求心的な方向性　89

く

来る　87, 94
くれる　92, 94

け

謙譲語の形式　38
謙譲語の文　38

こ

後続の発話を予測させる機能　58

し

使役　39
「使役」の意味　39
視点　89, 128
受益　40
述語とどのような意味的関係で結ばれるかを示す働き　25
述語部分に現れる要素の順番　123
受動文　77
受動文の影響の意味　81
所有者敬語　30

す

推定の「らしい」　118, 120

せ

接続の表現　60
絶対テンス　131

そ

相対的な意味を持つ語　52, 53, 55
相対テンス　131
外の関係　49, 53
外の関係の結びつき　52
尊敬語の形式　29
尊敬語の文　28

た

対比　8
卓立提示　104
タ形　109, 110
断定回避　100, 101

ち

中立(まともの)受身　83

て

「…てもらう」文　85

と

動詞と結びつき得る意味的役割　51
時制性　108
取りたてる働き　25

の

能動文　77

は

は　25
排他　5
〈はた迷惑〉　82, 83, 84, 85
「は」の文　7
判断　122, 123, 124

ふ

文脈・状況からの独立度　13
文脈・状況への依存度　13

ほ

方向的意味　94

め

迷惑(はた迷惑の)受身　83

も

「も」「こそ」の文　15
モダリティ　124
物語のテンス　131
物語文の視点　129

や

やる　92, 94
やる(あげる)　92

よ

様態の「らしい」　117, 120

る

ル形　109, 110

れ

例示表現　105

わ

話題　7, 8
話題提示　7, 8

【著者紹介】

天野みどり（あまの みどり）

和光大学表現学部教授
専門　日本語学　1961 年、東京都生まれ。博士（言語学）（筑波大学）。
主な著書と論文：『文の理解と意味の創造』（2002　笠間書院）。「前提・焦点構造からみた「は」と「が」の機能」（『日本語科学』3 1998.4　国立国語研究所）、無生物主語のニ受動文（『国語学』52-2 2001.6）、「状況を表すヲ句について」（『和光大学表現学部紀要』8 2008.3）

学びのエクササイズ
日本語文法

発行	2008 年 3 月 28 日　初版 1 刷
定価	1200 円 + 税
著者	© 天野みどり
発行者	松本　功
装丁	吉岡透・村上一（ae）
印刷製本所	三美印刷株式会社
発行所	株式会社 ひつじ書房

〒 112-0011 東京都文京区千石 2-1-2　大和ビル 2F
Tel.03-5319-4916 Fax.03-5319-4917
郵便振替 00120-8-142852
toiawase@hituzi.co.jp　http://www.hituzi.co.jp/

ISBN978-4-89476-394-4　C1080

造本には充分注意しておりますが、落丁・乱丁などがございましたら、小社かお買上げ書店にておとりかえいたします。ご意見、ご感想など、小社までお寄せ下されば幸いです。

学びのエクササイズ 認知言語学
谷口一美　1,200円+税

学びのエクササイズ ことばの科学
加藤重広　1,200円+税

ことばの宇宙への旅立ち 10代からの言語学
大津由紀雄編　1,575円

ことばに魅せられて 探検！ことばの世界 対話篇
大津由紀雄著（イラスト 早乙女民）　予価1,680円

これから研究を書くひとのためのガイドブック
　　―ライティングの挑戦15週間
佐渡島紗織・吉野亜矢子著　予価2,520円

ここからはじまる文章・談話研究
高崎みどり・立川和美編　予価2,520円

日本語表現法のニューウェーブ

日本語を書くトレーニング
野田尚史・森口稔　1,000 円＋税

日本語を話すトレーニング
CD-ROM 付き
野田尚史・森口稔　1,100 円＋税

ピアで学ぶ大学生の日本語表現
大島弥生・池田玲子ほか　1,600 円＋税

ベーシック　日本語教育
佐々木泰子ほか　1,900円+税

成長する教師のための日本語教育ガイドブック (上下巻)
川口義一・横溝紳一郎　各2,800円+税